HANSONS HALF-MARATHON METHOD

2014 COPYRIGHT EDITION

漢森半程馬拉松訓練法

跑出個人最佳半馬紀錄

目次

推薦序　　6

謝辭　　8

前言　　10

第一部　方法 ────────

　　第一章　漢森訓練法的原理　　16

　　第二章　馬拉松生理學　　28

第二部　計畫 ────────

　　第三章　訓練計畫要素　　56

　　第四章　漢森訓練計畫　　106

　　第五章　調整訓練計畫　　132

第三部 策略 ―――――――――――

第六章 選擇比賽目標 146

第七章 輔助訓練 158

第八章 營養與水分補充 178

第九章 裝備 208

第十章 比賽策略 228

第十一章 恢復 242

附錄 A：菁英訓練計畫：漢森―布魯克斯長跑計畫 250

附錄 B：流汗計算機 268

恭喜！你手上拿的是終極冒險指南，當然這也是帶領你跑出目前最佳半馬的指南，接下來的內容將提供你達成目標所需的訓練計畫、圖表、數據和科學知識，但不僅止於此。雖然我無法確定你能否達到最快跑速 —— 這部分取決於你 —— 但我可以告訴你，從你繫好跑鞋鞋帶的那一刻起，便即刻展開你的冒險。在本書中，你就是自己的冒險隊長，決定你想動身的地點、時間和距離。

你手上的書也是一本終極自助書。瀏覽文章時，你可能不會讀到建立自尊的練習或通往幸福的關鍵，但我賭你走出門晃幾英里之後，也不會覺得自己變得更好。試著去跑步，別讓你的心遊蕩在那些放錯注意力的地方。你便可能發現每一英里路和每一次鍛鍊都是

獨處的完美時機，我想你在過程中會更了解自己。

　　我很幸運可以跑遍美國、日本、歐洲和中東，那是一趟令人驚嘆的冒險。但我經歷過一些最棒的跑步經驗，其實是我在離家幾英里處迷路，然後遇到一間我從主要幹道永遠不會看到的隱密咖啡店；又或者是跑步時沉浸於自我對話中，渾然忘記當時 34 度而且還下著雨。我參加過多場跑步比賽，別人說這些比賽令他們「敬畏」，不過我發現最讓人心滿意足的跑步時刻是沒有觀眾的時候。沒錯，我是第一個承認凌晨 5 點出發跑步極其痛苦的人，但當你挺身到最後一座山的巔峰並看見美麗的日出，一切都值得了。你得到了世間沉睡時錯過的日出。在腦中整理一天當中遇到的問題而沒跟上配速時會有種療癒感，或者更棒的是，你因為掌握配速而忘卻這些問題。

　　所以沒錯，恭喜你！你已在偶然間遇到終極冒險，而且這可能是幸福的關鍵；你只需要走出大門讓這一切成真，我祝福你有極佳運氣達成所有跑步目標，並且跑出你歷來最快的半馬。我沒辦法承諾你會達到每個目標，但我能保證：這一路的旅程將值回票價。

　　追求目標的同時，記得享受旅程，因為你跑得更快的過程，往往比跑得更快這件事更令人心滿意足。

──德希蕾・林登（Desiree Linden） ｜ 2012 年奧運美國馬拉松選手

　　　　　　　　　　　　　　　　　　　　　推薦序

/謝/辭/

　　我欠凱文和凱斯‧漢森（Kevin and Keith Hanson）天大的人情，他們放手讓我管理這份課表並且由我自行制定。我從他們的才華、奉獻和指導中學到很多知識。我們交談時不只談到課表訓練的「內容」和「方法」，也談到「為何」讀這份課表能夠像打開百科全書一樣，幾乎任何想得到的訓練問題都能找到答案。

　　我也必須感謝維洛出版社（VeloPress）資深編輯凱西‧布雷恩（Casey Blaine）對這份課表付出的熱情，我感謝她永遠不會因為我錯過截止日而對我發飆。她滿懷熱情地將手稿改成可理解的樣貌，確保沒漏掉我想傳遞的訊息。

　　自從我們的第一本書《漢森馬拉松訓練法》出版以來，我的教

練事業已擴展超過我最遠大的夢想。事實上,這份事業成長得太快,我感到有些措手不及,我們必須加緊努力,以確保我們不會因為版圖擴張而失去品質。對此我很感謝我的營運總監科里‧庫巴茲基(Corey Kubatzky),最後由他負責許多吃力不討好的小計畫,好讓我能繼續擔任教練、寫作和維持清楚思緒。

最後但同樣重要的一點,我非常感激我的妻子一路支持我完成寫書的任務。許多深夜裡,我埋頭閱讀和撰寫本書的材料。我也要對我的女兒約瑟芬(Josephine)聊表謝意,她對我得以維持老爹形象功不可沒,因為她喜歡科技。非常感謝我的女孩們。

/前/言/

　　1999 年時，凱斯和凱文的教練事業十分成功，而且在底特律都會區經營跑步商店。不過他們擁有改變美國人長跑課程的願景，並在美國運動品牌布魯克斯（Brooks Sports）的協助下，展開漢森－布魯克斯長跑計畫（Hansons-Brooks Distance Project），這是為大學後運動員提供的奧運訓練計畫。這項計畫 15 年後在多數菁英級運動中具有聲量與口碑，並鍛鍊出許多入圍奧運和世界盃半馬與全馬賽事的跑者。

　　這些年來，這對兄弟證明他們有能力訓練世界級跑者，但是在美國密西根州，大家向來最知道的是他們幫助一般跑者達到最佳表現。這也是我（盧克・漢弗萊）發揮所長之處。我在 2004 年以備受

看好的年輕跑者之姿，加入這項計畫，在接受凱文和凱斯的指導後，我逐漸進步，二度入圍奧運資格賽（Olympic Trials），並在半馬跑進 1 小時 4 分。除了能以固定配速長跑，我也拿到運動科學的碩士學位，2006 年開始在我們的跑步團體教導漢森訓練法。隨著菁英計畫獲得成功，這種非常規的訓練法開始獲得越來越多的關注。很多人開始提問，他們想了解更多，雖然雜誌文章有利於提高曝光度，卻無法提供完整面貌。我們在 2012 年獲得機會，可以讓這個世界全面地認識漢森馬拉松訓練法。

我們的第一本書《漢森馬拉松訓練法》出版時，幾乎立刻引發熱烈回響，但民眾還是繼續詢問：「我要怎麼調整訓練法，才能適用於半馬？」如果你觀察數據，這個問題可能就不令人感到意外了。根據美國跑步協會（Running USA）的資料，每年參加半馬的選手比全馬選手多出數十萬人。2012 年完成半馬的人數大約 185 萬人，而且這個數字只會繼續成長；相較之下，全馬人數則約為 48 萬 7 千人。

重要的是，還有更多的人準備參加 13.1 英里的比賽。*大多數半馬選手屬於以下四種一般類別之一：

資深跑者 // 這群跑者已經累積豐富的跑量，可能過去也跑過多次半馬；他們希望超越前幾次的半馬表現，而且可能曾跑過至少一次全馬，這個群組相當競爭。

---

* 　編注：1 英里等於 1.609344 公里，半馬 13.1 英里，通常換算為 21 或 21.0975 公里。

休閒跑者 // 雖然這個群組的跑者對於半馬距離感到陌生，但他們不是跑步菜鳥，曾參加多次距離較短的比賽。這個群組希望建立半馬基礎，通常未來打算再跑另一場半馬，而且跑完半馬後表現可能再上一層樓。

新手跑者 // 新手跑者包括想要完成跑半馬的願望清單但經驗不足的跑者，以及參加慈善公益馬拉松的選手，很多這類跑者參賽後就將半馬拋諸腦後。這些新手跑者在半馬界相當普遍，部分原因是現在有許多慈善活動。我有很多學員參賽是為了某個摯愛，或者因為他人之故而參賽，對他們來說，跑半馬的距離通常比跑全馬更務實一些。

入門跑者 // 這個族群包括大部分的慈善公益跑者，還有一些人打算把參賽當作體適能計畫的起點。不過我絕對不會建議完全沒經驗的跑者第一場比賽就跑全馬，半馬的距離比較容易達成，而且比較不易受傷。出了這個群組，有些人會繼續跑步並邁向下一個群組，有些人則會在賽後放棄運動。

我們在談全馬訓練時，會說服新手相信，他們不用犧牲閒暇時間或者腳趾甲也能掌控一切。對很多人而言，為訓練投入時間可能是參加馬拉松要付出的高額代價，尤其是你要在可以烤肉的夏天和可以在海灘玩樂的日子裡訓練，但我們不願讓你覺得等一下就要在公園開始散步。我們把距離減半後，訓練不用花這麼多時間，這對美國約 180 萬人可能具有強大吸引力。

話雖如此，還是要坦白說：漢森訓練法的重點依舊是幫助你跑出最佳成績。因此，就算你在節奏跑時沒咒罵我們，仍可能在呼吸之間發點牢騷。

　　選擇最少跑量而且一週跑三天的訓練計畫，可能是適應這項運動並在不受傷情況下建立基礎的好辦法。然而單就下定決心要嘗試馬拉松，這還是不夠的。對半馬來說，這項計畫可能比較無害，但可能還是沒辦法提供你參賽應該準備好的一切。雖然這些計畫往往能幫助跑者達到他們的主要目標──也就是完賽，但副作用常是不喜歡馬拉松。因為要喜歡任何種類運動，最能預期的因素是享受其中，這顯然不是在跑步上取得長期成功的祕訣。

　　漢森訓練法安排的課程可獲得令人享受又成功的半馬體驗，同時也鼓勵跑者跨越多種距離賽的終點線。訓練應該要能使你過渡到不同距離的賽事，而且不用大幅改變整體訓練法則。我們的做法跟目前許多其他熱門訓練計畫不同，漢森訓練法不僅能將你訓練成馬拉松的完賽跑者，而且還能長期參賽。我們的半馬訓練採取直接教導的方式；我們不會花言巧語、提供任何捷徑，或以高人一等的姿態對人。實際上，如果跑步不出幾滴血、流大量汗水或許再落下幾滴淚，那麼跑步本身還真不是什麼大事。

PART I——THE APPROACH

第一部　方法

第一章

漢森訓練法的原理

　　本章探究《漢森半程馬拉松訓練法》（以下稱本書）的基本原理，你可能覺得了解原理是可有可無的事，但我強烈鼓勵你花時間閱讀本篇章。研究顯示，如果我們理解自己行動的原因，就更容易採納並接受新習慣與新行為。

　　在這項計畫中，知名教練亞瑟‧利迪爾德（Arthur Lydiard）的教導為不可或缺的要素。利迪爾德在跑步運動界盛名遠播，他帶領一群跑者實現他們的奧運夢想。正因如此，他的訓練原理對於本訓練法有重大影響，根據利迪爾德的教學，累加疲勞（cumulative fatigue）的概念是我們整體訓練計畫的基石。

　　累加疲勞因日積月累持續訓練（但還不到過度訓練）緩慢堆疊

疲勞而成；換句話說，重複訓練而且未能在訓練日之間完全恢復，便會產生累加疲勞。這強調半程馬拉松訓練（以下稱半馬訓練）需要籌畫一種策略性的做法，而非隨機湊合幾個訓練日。本書談論累加疲勞基本原理與其五大要素：

// 跑量　　　　// 持續
// 強度　　　　// 恢復
// 平衡

如果你忽略累加疲勞原理中的其中一點，就會干擾到其他要素並造成骨牌效應，進而限制成功跑半馬所需的生理適應。

累加疲勞是持續訓練數天、數週甚至數月所累積的疲勞感。

跑量：策略性累積訓練里程

許多半馬訓練計畫的最大問題在於，這些計畫是為了一般跑者的期待量身設計，但非依跑者的需求而安排。這些計畫通常將每週的大部分跑量留在跑者最空閒的週六或週日，至於其他工作天則分配差不多的跑量。這代表平日所有的跑步菜單都屬於高強度訓練，沒什麼輕鬆跑的機會，也幾乎無法累積重要訓練跑量。這類計畫中的平日跑步屬於高強度運動，跑者需要花更長間恢復，導致荒廢更輕鬆的慢跑。雖然這些計畫的確說中間幾天要安排慢跑，但跑者可

　　　　　　　　　漢森訓練法的原理

能早就因為先前的訓練而筋疲力盡。

選擇合適的每週跑量對於累加疲勞過程相當重要。若要提高跑量，每週訓練天數也要從 3 ～ 4 天增加為 6 天，這未必代表要增加強度，不過要加入更多輕鬆跑量。《漢森半程馬拉松訓練法》說明如何增加跑量，同時控制你的配速，避免過度訓練。記住，跑者進行 5 公里比賽距離的訓練時，每週跑量會是實際比賽距離的 4 ～ 6 倍（見表 1.1），雖然一般半馬跑者不會每週跑到半馬 4 ～ 5 倍的距離（50 ～ 65 英里），但每週跑 3 倍左右的距離（35 ～ 45 英里）尚屬合理。

表 1.1　依程度和距離安排每週跑量

	初級	參賽級	菁英級
5 公里（3.1 英里）	15 ～ 25	40 ～ 50	90+
10 公里（6.2 英里）	25 ～ 30	45 ～ 55	90+
半馬（13.1 英里）	30 ～ 40	50 ～ 60	100+
全馬（26.2 英里）	40 ～ 50	60 ～ 70	110+

雖然準備半馬的跑者很清楚，他們需要為 5 公里比賽跑更多跑量，不過看到這些總數時可能還是令人有些卻步。跑者會往前規畫幾個月，然後懷疑他們能否繼續這項訓練，新手尤其如此。這些跑者欠缺的就是信心。我們告訴跑者，從荒謬的地方開始，然後完全超越他們以為的能力極限，之後再往回訓練直到他們抵達可以控制身心的狀態。每週要跑 35 ～ 45 英里，雖然這在訓練第一天聽起來很扯，不過專注於你當下要做的事情才是關鍵。幾個月下來，你會

很訝異你能夠應付得來。

我們一次又一次見證，運動員給身體足夠時間適應新的訓練壓力後，他們能比想像中的可行程度承受更多。我們的計畫有效帶領你一次一槓爬上跑量梯子，從低階跑量開始，逐漸提高跑量和強度。如同我很常對運動員說的這段話：「如果你想蓋房子，首先必須要打地基，才能撐起房子。」先以跑量打造基礎後，所有其他變因才能奏效。

強度：生理適應

除了執行合理的每週總跑量，我們的計畫在配速和強度上也和其他計畫不同。這些變因環環相扣，因為如果鍛鍊太過艱難，你會累到無法達到每週跑量配額。在漢森－布魯克斯長跑計畫中，菁英跑者間的競爭可能相當激烈，教導適合的配速可能是我們與跑者最需要努力的事情。鍛鍊過程中，凱文和凱斯似乎總是知道運動員何時會對另一名跑者產生「我知道你跑得快，但我又更快一些」的心理。為了強調配速的重要性，並懲罰跑超過指定速度的跑者，每超過 1 秒就得做些伏地挺身；經過幾次伏地挺身後，運動員不得不控制速度並配合指導步伐。

你在調整配速時，我們不會要求你做伏地挺身，不過配速確實是累加疲勞的一項重要元素。我們建議的跑量多半要達到無氧閾值（或稱「乳酸閾值」）的配速或者更慢的速度。你可能會想：「我的跑速降低，那要如何跑得更快？」在下一章節，我們會解釋耐力訓練將伴隨多種有益的適應情況一起出現，以及將脂肪當成燃料燃

漢森訓練法的原理

燒的能力。運動生理學家發現，配速低於無氧閾值時，最能引發這些適應情況。跑步進步是因為慢配速提高有氧閾值、無氧閾值和有氧代謝能力，而非因為快配速所致。無論這是輕鬆跑日或是辛苦鍛鍊日，以適合的配速執行任務，才是整體訓練系統的關鍵。

輕鬆跑經常被誤解為垃圾跑量或填補時間的訓練，事實上，輕鬆跑占週訓很大的比例。運動員以理想強度慢跑時，他們會產生大量有益的生理適應，就算如此，新手和老手在輕鬆訓練時都苦於不知如何正確配速。新手跑者在輕鬆跑日往往跑太猛，因為他們覺得逐步訓練計畫太簡單。多數時候，跑量增加後，跑者會累到無法整週都維持相同配速，強度的效果就會被弭平。然而，身為教練，我希望你將配速調整至半馬目標，並且從第一天開始就正確訓練，這樣你可以逐週逐月安全增加跑量和強度。資深跑者訓練時往往過於熱情，他們以為跑越快越好，尤其是那些從短跑競賽晉升的跑者。在這種情況下，如果他們不控制自己的興奮感，並且輕鬆跑時真的悠哉慢跑，他們很快就會因為過度訓練而掛點。無論你的程度如何，我們教你「輕鬆」跑時，是真的希望你輕鬆跑。未來你加入高強度訓練時，這些輕鬆跑日將成為動態恢復，使你的身體恢復元氣並準備下次的訓練。

在高強度訓練時，適當配速同樣重要。我們一再強調，訓練是為了刺激身體某種適應，而不是盡全力跑，看誰能撐到最後。舉例來說，節奏跑和強化跑都可培養無氧閾值，不過這不表示節奏跑訓練時要超過無氧閾值配速。同理，進行速度訓練以培養有氧代謝能力，配速應該低於最大有氧代謝能力，而非超過。假設教練要你以5公里比賽的配速跑800公尺6趟，我們假設配速是每英里6分鐘，

或者每 800 公尺 3 分鐘。如果你前三次間歇跑的時間分別為 2 分 45 秒、2 分 45 秒和 2 分 55 秒，那麼最後三次間歇跑很可能是 3 分 10 秒、3 分 15 秒和 3 分 10 秒。雖然平均時間是 3 分鐘，但你沒有一次間歇跑達到規定配速。言下之意，你未以期望的配速累積任何訓練，這個配速是專為累積有氧代謝能力而安排。前三趟跑太快，超過最大攝氧量（VO2max），並產生無氧能量和乳酸；最後三趟因為疲勞和乳酸累積而逐漸降低速度。到頭來，你疲累不堪，又沒有得到任何主要的身體益處。

現在你了解凱文和凱斯安排伏地挺身的原因了吧？訓練過程中持續檢查配速，你可以承受更多的訓練量，訓練也能更持續，因為你不會累到需要額外請假或調整訓練。累加疲勞旨在使你感到疲累，但超過規定的跑步配速會使你無法充分恢復，這才是真正的垃圾跑量。

平衡：均衡訓練

無論你要訓練 5 公里或全馬，有一件事應該永遠不變：平衡。很多課表強調單一方面的訓練並犧牲其他項目。例如：5 公里課表可能強調一週跑兩次，然後犧牲掉每週長跑。另一方面，全馬課表可能只專注於熬過每週長跑，卻未見在速度方面下工夫。為了完全發揮跑者潛能，所有生理系統都必須涵蓋在訓練之內。切記，沒有「不成則敗」這件事。如果你只著重長跑，這樣的長跑無法幫你完成半馬，身強體健、跑得快又持久，才能完成半馬！這也是為何我們所有課表都強調平衡的訓練方法。

漢森訓練法的原理

《漢森半程馬拉松訓練法》有兩類跑步方式：輕鬆跑和素質練習（something of substance, SOS）。素質練習包含速度訓練、強化訓練、節奏跑和長跑；把這些跑步當成比輕鬆日更高強度的訓練。將這些訓練加以區分除了可保持動機，你也能得到必要的生理益處。如果變化性是生活調味劑，那麼你最好在訓練中也加入一些。你心裡會覺得重複訓練很無聊，你的身體也有相同的感覺。你一再循環訓練並強調每一種個別系統時，將刺激生理適應產生穩定頻率。所以你不只要把時間與精力分配給長跑，還要分天進行輕鬆跑、強化訓練、速度跑、節奏跑和恢復跑，這樣你才能成為更強壯、更均衡的跑者。凡事過多未必好，當你的訓練達到平衡，肯定能從這些訓練分別得到適當的益處。

一致性：照表操課

身為教練，我發現許多跑者難以維持訓練一致性。他們可能某週跑 3 天，下一週跑 4 天，再下一週或許只剩下 2 天。這不讓人意外，因為每一週都會有當週的挑戰和意外：你的老闆在最後一刻訂下截止日、你的車子爆胎，或者你的小孩生病了。那些生活中難以預測的事情，令人難以堅持訓練。訓練有時需要調整，但規律的跑步計畫相當重要。

從生理學角度來看，無法持之以恆訓練，將導致就連要維持基本體適能水準也得面臨痛苦的掙扎。雖然適當訓練後能快速適應，但只要幾週跑步不照表操課，就會功虧一簣。舉例來說，如果你連續 3 週每週訓練 5 天，體適能就會明顯進步；但如果這幾週內，只

有2週能維持每週訓練2～3天,那麼你的體適能進步就會開始降低,接下來需要持續跑步2週以上才能回到先前水準。最後要跑步6～8週,才能使你進步到第3週的狀況。如果生活出現狀況,可以調整訓練,但不要完全略過。有動永遠比不動更好。

為了持續訓練,你必須設定可達成的目標,並預做規畫。如果你把目標訂得太高,發現事情太多做不完,可能會感到洩氣。相反地,如果你把目標設得太低,又會覺得很無趣。適當設定目標可以讓你每天都有動力出門,即使跑步是你最不願意做的事。事前設定每週跑步行程表也有助於實踐承諾。與其在鍛鍊當天早上才檢視訓練課表,不如預先了解未來5至7天會發生什麼事。你可以在每日計畫表上記錄跑量,或把訓練內容貼在冰箱上,為當週會遇到的難題預先做好準備。如果你每週二都得一大早開會,就將跑步安排在下班後。如果你的孩子整個週末假日都有足球錦標賽,就在兩場比賽間找機會跑步。一旦你規畫了跑步行程,就更有可能遵循計畫並持續訓練。

恢復:部分休息

談到累加疲勞時,其實你遊走在足夠訓練和過度訓練的細微界線之間。漢森訓練法的目標是帶領你靠近但不會超過這條線。你在整個計畫期間所進行的訓練相當辛苦,但將使你比賽當天取得更好、更愉快的結果。恢復不完全是訓練中很重要的一環,因為這會使你表現優異,即便你無法百分之百感受到成果。

無論你進行速度跑、強化跑、節奏跑或長跑,一般要先具備訓

練前已經有充足體力的觀念。但這種精神飽滿的狀態需要兩次訓練之間相隔數天之久，輕鬆跑就能提供這種重要的有氧適應。我們並不連續安排高強度訓練，而是採用了動態恢復的概念。這表示鍛鍊經常接在輕鬆跑日之後，這能讓你在下次艱苦訓練之前恢復體力又不至於完全停止跑步數日。

你可以這樣想：在一次高強度訓練後，你的肌肉耗盡肝醣而且極度勞累，此時很重要的事就是補充肝醣、水分，讓你的肌肉復原，但這不代表你接下來的 24 小時應該懶洋洋地躺在沙發上。

一來，你隔天休息一天，也沒辦法獲得任何有氧適能；而且如果你總是讓身體完全復原，你永遠沒辦法教會身體如何與長時間的不適共處。輕鬆跑強度低，主要靠燃燒脂肪完成，這能為你的身體爭取時間，重新累積流失的碳水化合物（肝醣）儲存。

二來，你的肌肉學會更有效率地燃燒脂肪，因為配速跑步時能促進脂肪燃燒而非消耗碳水化合物；肌肉也會適應訓練的負荷量，最終變得更強大。這表示你只要在沒有高強度訓練的日子進行輕鬆跑，就能掌握逐漸增加的訓練量，更快速地恢復並獲得有氧適能。

動態恢復是指在約 15 ～ 30 分鐘的短時間內提高心跳的輕量訓練。

體力恢復雖然重要，但累加疲勞只需要部分恢復。即使在輕鬆跑鍛鍊日後，你的肌肉可能還有些疲累，而且肝醣儲存僅恢復一些，這會使你覺得行動稍顯緩慢。這很正常，你正在訓練身體承受好幾英里的跑步，就像你邁向半馬終點時可能會覺得動作變慢而必須努

力前進，因此訓練時學會不斷向前非常重要，這樣能將累加疲勞納為長跑的一部分。雖然你的雙腳還殘留最後幾天訓練的疲勞感，但也恢復到足以在長跑中擁有預期的表現。我們的訓練法教會你的雙腿承受先前長跑的些微疲勞感，這樣你就能頂住半馬的後半段。

簡單來說，我們希望激發出跑步的疲憊感。在身體疲憊時進行訓練，你就能了解比賽後半段的感受。就算因例行訓練感到疲累，你明白自己一樣能完成鍛鍊，這能在比賽後期身心疲憊時提升你的信心。換句話說，你不會有太大壓力，覺得賽後需要一週時間才能恢復體力。賽後隔天的狀況反而會很輕鬆，而且賽後幾天就能繼續訓練。歷經多次生理適應後，累加疲勞能訓練身體為半馬將帶來的生理壓力做好充分準備。看過本訓練課表後，你會發現，每隔 4 週，輕鬆跑、配速跑和長跑的跑量會稍微增加。隨著你的身體逐漸適應，你能承受不同程度的壓力，而且持續上調進度。你照表操課直到重要比賽當天，此時你的身體終於能完全恢復，感覺煥然一新；也就是說，這時你已準備發揮最佳表現。本課表的設計能幫助你在比賽時表現最佳狀況，而不是在鍛鍊時。畢竟你絕對不希望最佳表現是出現在練習時。

半馬訓練不容易，而且不容輕視。訓練時可能會飆出幾句髒話、錯過熱愛節目，還去不成社交活動，但當你成功跨越終點線時，將不會留下任何遺憾。整體課表是由傑出教練所研發，他們從其他傑出教練身上學到許多，這套訓練法則能把你從想跑半馬的人蛻變成如假包換的半馬跑者。我們會幫助你達到目標。

了解特定生理原則有助於理解訓練課表的結構，這些原則解釋「原因」，而課表內容則說明訓練的「內容」與「時間」。《漢森

半程馬拉松訓練法》依據耐力跑表現的生理基礎而設計。藉由了解這些重要原則，跑者在訓練時比較不容易犯下大錯。

這五大要素最終的結果源自累加疲勞的概念。讀完前面幾頁後，希望你已經了解到——這些要素環環相扣。如果你移除其中一項要素，或者大幅改變其中一項，整體法則會被打亂。我們的全馬課表要求投入大量精力，而半馬的好處在於，訓練不會占去你的大量時間，並且，我們的半馬訓練風險似乎低於全馬訓練，這可能跟你以往嘗試過的其他訓練有很大差異。這對擔任教練的我來說也是件好事，因為我可以先推薦你輕巧版的訓練，之後再哄你接受全馬訓練。言歸正傳，別被騙啦。半馬訓練需要專注和堅定的承諾，但這樣的付出會是值得的。

漢森訓練法的原理

第二章

馬拉松生理學

如果你在電視上看過田徑運動會的 800 公尺賽跑（半英里，分 2 圈跑完），你可能聽過評論員談過這類比賽的訓練難度。跑者常自問，我的訓練要像 400 公尺短跑員，還是要像 1 英里跑者？從生理上來說，這是一個怪異的距離，難以全力投入。半馬訓練也有類似的複雜情況：我要接受 10 公里跑者的訓練，或是全馬跑者訓練？這個問題很棘手，未必所有教練會有一致答案。但這跟多數跑步相關的問題一樣，最後得依個人而定，在這種情況下，你的生理狀態會指引你前往正確的方向。

我曾指導過幾位專精短距離（5 公里和 10 公里）的跑者，但他們希望嘗試半馬。可惜的是，他們對於距離為 10 公里兩倍的半馬，

也採用完全相同的訓練方法。多數人訓練時跑太快，許多人單純想盡全力跑，看看自己可以維持多久。

不妨想想你進行 5 公里訓練時的情況。首先，比賽距離相對短，而且比賽時間以分鐘而非小時計算。其次，那幾乎純粹是場速度賽，這代表我們不僅有耐力跑完這段距離，而且往往想知道我們能多快跑完。最後，如果你跑太快會受傷，但是受傷程度也會局限於比賽的剩餘時間內。假如你真的遭受重創，很可能已經離終點剩下不到 1 英里的距離。

現在，回推到 13.1 英里的比賽，一旦你在這個距離賽中跑太猛，可能會痛苦很長一段時間。這表示，了解疼痛機制與背後的生理基礎對於成功完賽相當重要。若欠缺基本認識，我們可能會一而再、再而三地犯下相同的訓練錯誤。

了解生理機制對於達到預期比賽目標很重要，尤其是半馬距離。以全馬來說，無論你是地方傳奇，或者第一次跑全馬且時間超過 4 小時，大家都在鍛鍊相同的能量系統。換句話說，身體如何運用能量、仰賴哪些系統換取速度與耐力，以及身體能多快汲取這些能量來源，這些對所有全馬跑者來說都是一樣的。馬拉松成功程度取決於你適應特定訓練法的情況。相對之下，就半馬來說，聰明的訓練，特別是你要訓練哪些系統，更要看你屬於哪一種跑者和個人比賽目標。一般而言，對於期望半馬跑進 1 小時 45 分的快速跑者來說，他們的訓練重點應該強調個人乳酸閾值（或稱無氧閾值）。為什麼？因為這些跑者可以在整場賽事中維持差不多的閾值。對於光譜另一端的跑者而言（預期半馬完賽時間超過 3 小時），目標應該是提高有氧途徑，因為這些跑者可能無法達到無氧閾值（至少跟跑速較快

馬拉松生理學

的跑者維持相同的時間）。跑速落在光譜兩端的跑者則需要均衡融入各種訓練。訓練需要花很高成本嗎？別擔心，在這一章會一步一步教你。

　　人體是一件美麗複雜的工藝品，但整體而言，如果你希望跑出最佳成績，應該認識下列生理學的五大要素。你可能曾聽別人說過這些術語，但好奇這些術語是什麼意思。我會逐一說明，為你補充訓練須知，這五大元素如下：

// 馬拉松肌肉　　　　// 有氧閾值
// 最大攝氧量　　　　// 跑步經濟性
// 無氧閾值

馬拉松肌肉：強而有力的影響

　　若要說生理界的權力中心，肌肉系統肯定是老大。人體內超過600 條肌肉共同運作，使你可以做出動作和施力，使你的心臟跳動，並能轉動雙眼、消化食物和靠雙腿奔跑。肌肉系統主要有三種肌纖維：心肌、平滑肌、骨骼肌。心肌使心臟跳動；平滑肌平行分布在腸道上，把食物推送經過消化系統；骨骼肌在人體運動上扮演關鍵角色，使我們得以跑步。

　　骨骼肌負責進行生理運動，同時也是大量能量儲存之處。這些肌肉包含慢縮肌纖維（slow-twitch fibers）和快縮肌纖維（fast-twitch fibers），後者可再區分為多種亞型。每一塊肌肉都有快、慢肌纖維，這些肌纖維如電纜般呈束狀排列，而且每一束肌纖維只會有一種類

型的肌纖維。數千條肌纖維束構成肌肉，而每一束皆由單一種運動神經元控制。運動神經元位於中樞神經系統，負責指揮全身肌肉，進而控制身體動作。

這些肌纖維和運動神經元共同構成運動單位（motor unit）。由於每一串肌肉束只有一類肌纖維，因此慢縮肌纖維束與快縮肌纖維束會透過不同的運動單位，從大腦接收資訊。如果激發一個運動神經元會產生微弱的肌肉收縮，那麼激發多個運動神經元，就會出現更強而有力的肌肉收縮。為什麼這些概念很重要？最終，骨骼肌系統的結構決定跑步能力。因此，你越了解自己的生理，越能聰明地進行訓練。一起來更詳細了解肌纖維的種類吧！

I 型肌纖維（慢縮肌）

你的家族是影響你跑者潛能的關鍵，如果你的父母賦予你大量I型肌纖維（又名慢縮肌），那麼你在競賽中會更有優勢。這類肌纖維對於耐力賽格外重要，因為可以有效利用燃料，還能夠抵抗疲勞。慢縮肌擁有很高的有氧能力，這表示它們能夠利用氧氣傳遞能量。這是因為它們具有大面積的微血管，能比快縮肌供應更多氧氣。此外，這類肌纖維具有促成有氧代謝的機器，這些機器就是所謂的粒線體，常被稱為「細胞的發電廠」。多虧粒線體，你才能把脂肪和碳水化合物當成燃料來源，維持肌肉運作和身體運行。

一如其名，慢縮肌的收縮速度比其他纖維來得慢，這對耐力賽跑者發揮了重要的功用。這類纖維的施力比不上其他纖維，但可以穩定提供能量，並長時間製造大量能量。除了收縮速度慢，I型肌纖維的直徑大約只有快縮肌的一半；雖然又細又慢，但效能更高也更

馬拉松生理學

持久，可在漫漫長路上抵禦疲勞。

II 型肌纖維（快縮肌）

II 型肌纖維又稱快縮肌，這也由基因決定，而且是慢縮肌的活躍對照組。這類肌纖維更大更快，它們匯聚形成的肌肉束強而有力，但會迅速疲乏，因為這些肌纖維的粒線體相當少，必須在無氧（不使用氧氣）的情況下傳送能量。肌纖維強力收縮時，使用大量的高能量分子三磷酸腺苷（ATP），所以會快速疲憊，然後虛弱無力。這正是為什麼奧運 100 公尺冠軍能夠跑出創紀錄的配速，但僅限最後拐彎到終點的這一段距離，但全馬冠軍卻能在長達 26.2 英里的距離中維持破紀錄的配速。兩種不同肌纖維類型帶來兩種不同的結果。

II 型肌纖維可進一步區分，其中最常見的兩類就是 IIa 型和 IIb 型，又被稱為中間型纖維（intermediate fiber）。IIa 型跟慢縮肌有一些共同特色，因為兩者比其他類型的快縮肌帶有更多粒線體和微血管。因此雖然 IIa 型的收縮比慢縮肌更有力量，還是被認為具有攜氧能力。相對地，IIb 型可強烈收縮，在無氧情況下快速傳遞能量並迅速疲乏。表 2.1 可見多種肌纖維類型的簡單比較。

表 2.1　纖維類型的比較

	I 型	IIa 型	IIb 型
收縮時間	慢	快	最快
抵抗疲勞	高	中	低
產生力量	弱	強	最強
粒線體密度	高	高	低
微血管密度	高	中	低
氧化能力	高	高	低

工作系統

人人都有 I 型和 II 型肌纖維，但在比例上有很大差異。無論性別為何，多數人的手臂和雙腿有 45 ～ 55% 的 I 型肌纖維分布。注重體能但未全力訓練的人可能有約 60% 的 I 型肌纖維分布。同時，訓練有素的長跑跑者往往有 70% 的 I 型肌纖維分布，而菁英跑者的分布比例更高。這其中也有挑戰。談到半馬時，A 跑者有高比例的 I 型肌纖維，他的先天表現會優於 I 型和 IIa 型比例低的 B 跑者。那麼 B 跑者要如何面對自己不足的生理狀態？

幸好對兩類跑者來說，身體是一組神奇機器，可以適應巨大壓力。在運動生理學領域，壓力表示不斷進行強力訓練使生理逐漸適應。研究人員一直想找到肌纖維轉換的關鍵，希望發現像是 B 跑者這樣的人如何透過訓練壓力改變肌肉組成。儘管很多研究仍不夠全面，但多半認為菁英長跑跑者比一般業餘跑者有更多 I 型肌纖維，而且他們需要那些 I 型肌纖維，才能在全馬和半馬跑出快速佳績（參見表 2.2 了解不同類型的跑者比較）。我們不知道你是否先天某一類肌纖維分布特別高，也不清楚能否利用體能訓練帶來的特定訓練壓力來改變肌纖維比例。雖然現在要對 I 型和 II 型肌纖維的討論下定論可能言之過早，但有證據顯示 II 型肌纖維內部可能出現轉變。就算在相對短 10 ～ 12 週的訓練下，跑者身上無氧、容易疲累的 IIb 型肌纖維，可能轉變成更具有氧能力、耐疲勞的 IIa 型肌纖維。這對於耐力跑跑者是個好消息。由此可見，訓練引發明顯的生理變化，提高表現與實質進步，這可能是 B 跑者的大好機會。

馬拉松生理學

表 2.2　比較不同族群的 I 型和 II 型肌纖維

	I 型	IIa 型	IIb 型
短跑選手	20%	45%	35%
久坐不動者	40%	30%	30%
一般活動民眾	50%	40%	10%
中長距離跑者	60%	35%	5%
世界級馬拉松跑者	80%	20%	<1%

讓肌纖維比例最佳化

　　雖然提高燃脂、儲存肝醣和擁有大量慢縮肌纖維有利於所有的耐力運動員，但半馬跑者並沒有「一體通用」的最佳肌纖維類型比例。對他們而言，理想比例要看他們的跑步速度而定。例如：跑速較快者可能天生有很多慢縮肌纖維，但由於他們的跑步強度高，可能還得仰賴大量中間肌纖維的協助，這類跑者必須使用很多力量來維持高配速。另一種情況是，跑速較慢的跑者如果能接受像全馬跑者一樣的訓練，他們便能展現最佳表現，因為他們有高比例的慢縮肌纖維，高度利用脂肪和儲存肝醣，而且跑步強度低，使用雙足時間長，說不定是快跑的兩倍時間。

　　無論基因狀況如何，訓練向來是跑步表現的重要預測指標。基因決定你先天可能適合哪一種運動，但正確訓練有助於發揮個人最大潛能。無論你的去氧核醣核酸（DNA）是什麼樣態，我們都會示範給你看應該怎麼訓練。為了讓你的肌肉在比賽時乖乖聽話，你必

須以特定方式訓練才能刺激肌肉。這一切過程始於中樞神經系統的運動單位送出訊號，而慢縮肌纖維最先接受號召。你會繼續高度仰賴慢縮肌纖維，除非你：

// 提高配速
// 跑上坡或遇到其他產生阻力的力量
// 跑得夠遠，使慢縮肌纖維疲累不堪

　　視跑者體適能水準程度而定，有些人能仰賴慢縮肌纖維並維持適當配速一個小時，之後才使用快縮肌纖維；其他人最久則可維持兩倍的時間。依跑步速度不同，你跑半馬時可能幾乎只會用到 I 型肌纖維，但如果你跑得更久，這些纖維會開始疲憊，此時身體會開始使用 IIa 型肌纖維，也就是大一點的耗氧快縮肌纖維。如果你訓練得當，剩下的比賽大可仰賴這類肌纖維。雖然它們不適合耐力跑，卻是替代 I 型肌纖維的不錯選擇。一旦跑者訓練不足，被迫退到防衛第三線使用 IIb 肌纖維，就會出現問題了。記住，這種肌纖維是為力量而生，而且會快速疲憊，如果你得靠這類肌纖維跑到終點，下場就不妙了。

　　漢森訓練法目的是教你如何將 I 型和 IIa 型肌纖維使用到極致，並且避免使用到 IIb 型肌纖維。

最大攝氧量：副指揮

　　如果肌纖維是耐力潛能的主駕駛，那麼最大攝氧量就會在副座

繼續幫忙。最大攝氧量代表「最大攝入的氧氣總量」，意即身體在跑步時能夠運送和使用氧氣的最大能力。如果一個人的最大攝氧量是「50 毫升 / 公斤 / 分鐘」，讀作「每公斤的體重每分鐘攝入 50 毫升的氧氣」。你必須了解，這個數字越大越好。雖然最大攝氧量經常被認為是體能的黃金標準，卻未必是預測跑步表現的最佳指標。實際上，菁英全馬跑者的最大攝氧量往往稍低於 5 公里和 10 公里的跑者。不過就算這不是預測跑步潛能的唯一最重要指標，仍舊是一塊重要的拼圖。一般來說，跑速較快的半馬跑者經常比跑速較慢的跑者有稍高的最大攝氧量，一如先前的討論所述，這是因為速度慢的跑者使用脂肪和肌纖維時，往往更像全馬跑者，所以他們有稍低的最大攝氧量。最大攝氧量能隨著訓練逐漸改善，這樣一來，隨著訓練增加，跑速較低的跑者可以改善最大攝氧量，進而改善表現。我們來更仔細檢視這個概念。

最大攝氧量是運動肌肉可以攝入與使用的氧氣最大速率。

由於血液會把氧氣送到肌肉，因此談到最大攝氧量時必然也會談到心臟。跟骨骼肌一樣，心肌可透過工作強化，進而使心臟打出更多血液並運輸更多氧氣到肌肉。心臟跟雙腿肌肉一樣都能適應訓練壓力。不妨想想耐力訓練會對心臟帶來的正面適應，圖 2.1 可見其中四種適應的描述，這些被認為是最大攝氧量的核心要素。

改善冠狀動脈循環 // 改善循環代表有更多血液送達心臟。

心室壁增厚,尤其是左心室 // 心室增厚,收縮力道增強,便可將更多血液打進動脈循環。

心室腔變大 // 這能使心室儲存更多含氧血,之後再送到身體循環。

脈搏變慢 // 心肌強化後,工作時就不須那麼用力了。

總之,有更多血液以更有力、更輕鬆的方式被打進動脈,因為心臟的腔室變大能儲存更多血液,在各種跑步配速下能維持緩慢心跳,這使整個系統更有效率也更健康。

圖 2.1　最大攝氧量隨耐力訓練改善

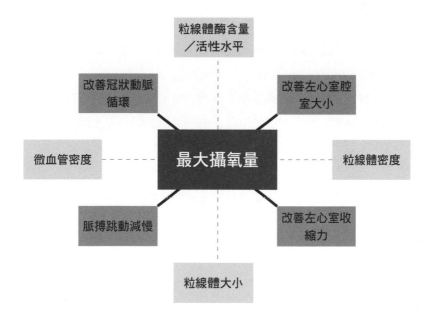

馬拉松生理學

心臟供給血液輸往全身，若能輸送越大量的血液到血管，血液中的氧氣就越能有效抵達肌肉。此外，心臟會一直持續適應，這些適應也會影響血液本身。的確有研究證實，血液量會隨著耐力訓練而增加。紅血球是最常見的血細胞類別，它們也是氧氣輸送到全身的主要媒介。紅血球容積比（hematocrit，又稱血比容），意即紅血球在血液總量中的占比，這個比例會隨著耐力訓練而逐漸降低。這表示血液量上升造成血液本身黏性下降，血液可以更輕鬆輸往心臟和動脈。試想這兩者的區別：剛注入你車子中的新機油，以及車子行駛 1 萬 5 千英里後留在引擎中的黏呼呼機油。較低血比容表示比較不會對身體系統造成磨耗與損壞，追根究柢，隨著紅血球因鍛鍊而變多，你就更不容易喪失攜氧能力。聽起來可能跟想像不同，但血漿量增加，血比容就下降，因為它代表的就是體積占比。因此，即使血比容變低，卻可能有更多的紅血球總量。別忘了，100 的 20% 表示有 20 個紅血球，而 500 的 20% 則代表有 100 個紅血球，後者雖有相同占比卻有更多紅血球。

在耐力訓練下，心臟變得更強而有力，更有效率地提供更大量的血液，但萬一肌肉無法使用送到家門前的大量氧氣，那一切都沒意義了。實際上，微血管床（capillary bed）——也就是動脈末端處——才是氧氣被送進肌肉的地方。有些微血管太小，一次只能讓一顆紅血球把身上的大量氧氣送進肌肉中。然後從這裡開始，紅血球要展開旅程，返回心臟和肺部重新裝載氧氣。休息時很多微血管會進入待機狀態，當你開始跑步，微血管就會打開，讓肌肉接收越來越多氧氣以滿足運動需求。

雖然改善最大攝氧量的核心要素很重要，但如果肌肉無法因應

這些變化，就算有更大的左心室能夠打出更多血液也幫助不大。所幸人類的跑步肌肉如先前所言能夠同時適應變化。如圖 2.1 所示，下列是我們耐力訓練會遇到的一些重要周邊要素：

提高微血管密度 // 微血管有更高的密度表示氧氣能夠在細胞間更快、更有效率地交換，最終結果就是運動肌肉得到更多它所需要的氧氣，並得以繼續運動。

提高粒線體酶含量與活性 // 不妨將酶想成能把工作變得更輕鬆的工具，酶可以降低反應發生所需的能量。酶含量越高，在相同速率下粒線體中可完成更多反應。

提高粒線體密度 // 在粒線體中，脂肪和碳水化合物被當作運動能量，所以有越多粒線體，就可使用越多脂肪來當作維持有氧強度的燃料。

粒線體體積變大 // 粒線體越大，就能在單一地方處理更多燃料，如果我們靠更大、更多的粒線體來處理更多脂肪酸，就能降低對碳水化合物的需求，並且增加啟動無氧系統（仰賴碳水化合物供應能量）的運動強度。

重點是，身體非常能夠適應訓練。身體會盡力協助當下進行的活動，並且逐漸進步。最大攝氧量是個人有氧潛能的天花板，但並非決定潛在表現的一切。當你的有氧能力已達到最大值，無氧能力也會跟上腳步。因此，其他生理變因也會幫助你跑出個人優秀的半馬表現。

雖然未必需要了解你自己的最大攝氧量，但我能保證這個數字

馬拉松生理學

會隨著額外的耐力訓練而增加，這也是進步的有力指標。有很多辦法可以知道你的最大攝氧量，有些方法還很昂貴。以高精準度和高成本的檢驗方法來說，你可以到當地健身房，進行一系列實驗測試你的體能。你需要戴著呼吸管在跑步機上跑步，並逐漸調高速度。20 分鐘後，支付 100 美元，你會拿到一張印刷文件，上面列出冷冰冰又難懂的數據。如果想尋找類似檢測但只願支付更低的成本，不妨向當地大學運動生理學實驗室申請當小白鼠。研究生通常會提供你大量數據，而且你不需要掏出 10 美分。我相信實驗室檢測的數據會讓你進步，不過前提是這些回饋能對你有實質上的幫助。如果你不能加以應用，徒有數字有什麼好處？身為運動員與教練，我看最大攝氧量與閾值時只對數字是否進步感興趣。可惜的是，運動實驗室檢測結果經常忽略與這些數值和閾值相對應的配速。舉例來說，你進行檢測時，技術員通常會給你像是「50 毫升／公斤／分鐘」的數字，然後告訴你這個數字表示良好、平均或低於平均。這樣不錯，但我要如何利用這項數據？這對我有什麼意義？如果你選擇接受檢測，試著獲取你能達到特定生理程度的配速。這樣一來，你就能把這項資訊直接轉換為訓練配速。

如果你對機器迅速測出來的結果不感興趣，可以考慮做個現場檢測。我採用的巴爾克檢測法（Balke test）只需要跑道、碼錶和計算機。雖然方程式可能有些微差異，但下方是知名跑步教練、全球跑步科學專家喬・維吉爾（Joe Vigil）的算式：

最大攝氧量＝ 0.178×（〔公尺 ÷15 〕 −150）+33.3

我們完成巴爾克檢測後將數字帶入這個方程式，為了完成檢測，先完整熱身再遵從這些步驟：

一、在跑道上快跑 15 分鐘，距離越長越好。（自己記住配速，一開始別盡全力跑，而是要有計畫地跑，這樣才能在接下來幾分鐘跑出最快速度。）
二、將跑步距離的單位轉換為公尺，你可以將你的跑圈乘以 400 公尺（一圈＝標準賽道 400 公尺）。
三、將轉換為公尺的數字除以 15（跑步的分鐘數），然後得到每分鐘跑幾公尺的數字。
四、將第三步得出的數字減去 150。
五、再將剩下的數字乘以 0.178，並加上基數 33.3。
注：如果你的速度低於 150，就拿 150 去減再乘以 0.178，最後再拿基數 33.3 去減這個數字。

舉例來說，我們要算出這個算式：
最大攝氧量＝ 0.178×（〔公尺 ÷15 〕 −150）+33.3

我們的跑者完成檢測，15 分鐘內跑完 10 圈。
他將圈數轉換成公尺距離，再用數字取代程式中的「公尺」。
10 圈 ×400 公尺／圈＝ 4000 公尺

馬拉松生理學

現在方程式看起來長這樣：

最大攝氧量＝ 0.178×（〔 4000÷15 〕 −150）+33.3

接下來跑者要處理方括號的部分：

〔 4000÷15 〕，或者約等於 266.67

現在方程式看起來長這樣：

最大攝氧量＝ 0.178×（266.67−150）+33.3

最後跑者只要算出答案：

最大攝氧量＝ 0.178×（116.67）+33.3

最大攝氧量＝ 20.77+33.3

最大攝氧量＝ 54，或者更精準的說法是 54 毫升／公斤／分鐘

這表示，我們的跑者目前有氧適能為 54。

　　確認你的最大攝氧量基礎值後，便可在訓練中途重複進行這項檢測，檢查你的進步狀況。記住，越進階的跑者，可見的變化越小。不過，就算只有些微變動，我們總能改變的是以最大攝氧量跑步的配速。這才是最後真正的重點。

無氧閾值：力量型選手

如先前討論，長跑高度仰賴有氧系統供應的氧氣，有氧系統比無氧系統更有效率也更持久。無氧系統強大又具爆發力，但在無氧狀態下運作，只能提供很短的爆發速度，之後儲存能量就會耗盡，肌肉累積乳酸然後使你停下跑步。雖然乳酸被冠上罪名，被認為是高強度運動後導致疲痛與疲勞的副產品，但其實它是肌肉的能量來源，使肌肉在「撞牆期」（bonking）前能再勉強多做一些工作。現有研究告訴我們，這種情況下出現的疲勞是由另一種生理現象所導致。真正的罪魁禍首是肌肉中的電解質鈉、鉀、鈣，每一種電解質都帶有電荷，存在於肌肉中的特定位置，能促使肌肉收縮。重複進行高強度運動，細胞外累積的鉀離子無法與細胞內的鈉離子交換，造成肌肉收縮越來越弱，這種情況叫做神經肌肉疲勞（neuromuscular fatigue），這表示你的身體很快就會變得緩慢並逐漸停下動作。

血乳酸（blood lactate）非但不是我們原本以為的壞人，我們還會逐漸明白它在長跑中扮演的關鍵角色。有氧系統能長時間支持適當配速，因為乳酸生成的同時也被處理與移除。不過當有氧系統疲勞或強度提升，你會越來越依賴無氧系統，結果反而達到你製造乳酸的速度比身體移除它的速度還快的情況。這就是乳酸閾值、血乳酸激增點（onset of blood lactate），或稱無氧閾值，即乳酸開始在血流中堆積的臨界點。

無氧閾值是指就算維持穩定配速跑步，乳酸卻還是開始大量累積的配速。

無氧閾值格外重要，因為它被認為是耐力表現的最佳預測指標。一個人達到最大攝氧量的 60 ～ 90% 或以上時，無氧閾值會在其中任何一個時機點出現，因此你逐漸接近最大攝氧量時，血乳酸就會開始堆積。佼佼者通常會超過 70% 的最大攝氧量才出現無氧閾值。訓練可能只會讓你的最大攝氧量提高幾個百分點，卻對無氧閾值有莫大影響。如果你看一群菁英全馬跑者，他們會有差不多的最大攝氧量程度，其中第一名和第十名的差別往往是無氧閾值。最大攝氧量也許能區分國際級跑者和業餘跑者，無氧閾值則可區分冠軍與其他競爭者。

　　跟最大攝氧量一樣，檢測無氧閾值向來也是種選項，但這需要加上一點猜測功夫，除非你檢測地點是在能夠將數字印出來給你的豪華實驗室。我們建議，觀察你的身體如何回應計畫中的訓練。先前談過，無氧閾值配速能夠維持大約一個小時。如果你還沒有這些配速可參用，就問自己：「我能夠堅持一個小時不停歇嗎？」然後依照你身體的反應來調整你的配速

　　別忘了無氧閾值出現的時間點，此時有氧來源（aerobic pathway）仍持續供應能量供肌肉收縮，但速度不夠快，無法滿足所有能量需求。這也是無氧來源開始出現變化的時刻。根據經驗法則，一個人可以在處於無氧閾值的情況下跑步約 1 小時。你可能會想，這點對菁英跑者更重要，他們的半馬時間通常大約 1 小時。對這些人來說，無氧閾值高可能比燃燒脂肪作為能量更加重要。無氧閾值越高，越能在速度降下來之前更快跑完距離；這麼一來，提高閾值對於個人表現就變得相當關鍵。對於速度較慢的跑者來說，無氧閾值可能更能代表 10 公里距離的時間，因為他們跑 10 公里可能比跑

半馬更接近 1 小時。因此雖然無氧閾值對於跑速較慢的跑者很重要
（而且在他們速度提高後會變得更重要），但燃燒脂肪和儲存肝醣
的能力對他們成功與否可能有更高的影響力。

　　我們能透過訓練提高閾值。藉由跑得更遠更快，我們訓練身體
更仰賴有氧來源，進而改善耐力並延長開始仰賴無氧閾值前的時間。
漢森訓練法與傳統訓練計畫有一個很大的差別，那就是我們教你利
用大量有氧訓練來刺激有氧代謝，而非透過高強度的無氧運動來達
到目標。

有氧閾值：肝醣耗盡

　　一切有關能量系統的討論可能使你好奇能量最初的來源，簡單
來說：脂肪與碳水化合物。身為長跑跑者，你必須訓練身體使用脂
肪作為主要能量來源。我們的身體儲存了極少的碳水化合物作為快
速能量來源，卻儲存了幾乎是無窮無盡的脂肪。就算你的體脂肪比
例很低，你的身體還是有很多脂肪可作為能量。脂肪尤其富含大量
能量，因為每公克脂肪提供的熱量幾乎是同樣重量碳水化合物可提
供熱量的兩倍。唯一的問題是，燃燒脂肪供能比燃燒碳水化合物還
慢。對多數人而言，脂肪為主要供能來源的運動強度可達約 50% 最
大攝氧量，因為低於這強度時，脂肪可藉由粒線體迅速分解，速度
快到足以供應跑步所需的能量。不過對多數跑者來說，要達到 50%
的最大攝氧量實在慢得令人痛苦；過了這個點，無論是為了距離還
是強度，身體開始燃燒碳水化合物。有氧閾值一詞表示大約以 50：
50 的比例燃燒脂肪和碳水化合物以取得能量的配速。圖 2.2 可見脂

馬拉松生理學

肪和碳水化合物在不同跑步強度下的供能關係。

有氧閾值被認為是以幾乎一樣速度消耗脂肪與碳水化合物的配速。

　　碳水化合物（肝醣）能在比較高配速下提供大量能量，這是因為脂肪的代謝速度比碳水化合物還慢。仰賴肝醣提供能量的缺點是你只能維持大約兩個小時；一旦肝醣耗盡，你也沒力跑步了。當你快速燃燒儲存的肝醣時，身體會使用血液中的葡萄糖，而葡萄糖的燃燒速度甚至更快，結果就是出現「撞牆」（hitting the wall）或者「撞牆期」。雖然全馬更常遇到撞牆期，不過準備不全或能量燃燒不當的跑者在半馬則絕對會遇到撞牆期。你要怎麼知道自己遇到撞牆期？你的配速會明顯變慢，遇上撞牆期時的感覺有如身後拖著 300 英磅的錨。雖然撞牆期一度被認為是長距離跑者無法逃避的必經儀式，不過聰明的訓練計畫能助你完全繞過這堵牆。這一切關鍵在於使脂肪燃燒更久，以延後取用那些存量有限的碳水化合物。

　　能夠更有效地「燃燒」脂肪，對各種配速來說都是無價之寶。跑速較快的跑者長時間以高比例的最大攝氧量跑步時，更多比例的能量消耗來自碳水化合物。因此，就算他們可能在 2 小時內完成半馬，也幾乎是耗盡了碳水化合物存量，因為肝醣用量比相當高。同時，跑步速度較慢的跑者完賽時間超過 2 小時，但他們更善於使用脂肪，這有助於省下儲存的肝醣，並確保他們可以跑到終點甚至漂亮完賽。

圖 2.2 在不同跑步強度下脂肪和碳水化合物的功能

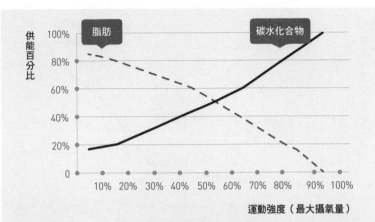

我們跑的強度越高，就越仰賴碳水化合物供能。當我們趨近 100% 最大有氧代謝能力，碳水化合物會變成唯一能量來源，使得碳水化合物成為限制運動長度與強度的因素。

圖 2.3 跑步機檢測最大攝氧量的結果樣本

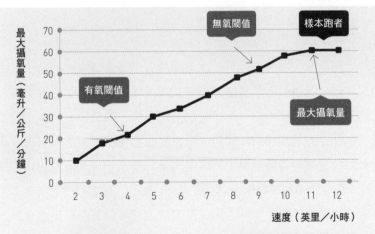

此圖顯示受過耐力訓練跑者的典型跑步機檢測結果；速度提升，耗氧量也會一路增加到最大值，然後就保持不變。

馬拉松生理學

圖 2.4　乳酸的生成與清除

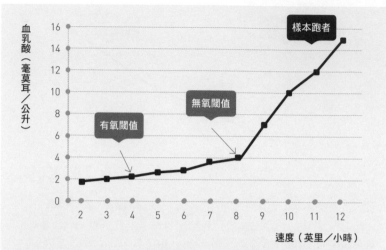

血乳酸檢測更清楚顯示出，跟最大攝氧量檢測維持相同強度下的折點（deflection point）。在時速約 4 英里時，血乳酸首次增加，這表示身體提高對碳水化物的依賴；時速 8 英里時，血乳酸第二次攀升，並且以指數方式遞增，這表示身體清除乳酸的能力已跟不上乳酸生成。

　　幸運的是，對長跑跑者來說，身體有機會透過訓練使脂肪燃燒更久。使用脂肪的跑步速度不會隨訓練改變，為了使用更多脂肪，就必須更大量地燃燒它。為了達到這個目標，我們需要更多代謝工廠（也就是先前談過的粒線體，這是細胞發電廠）。跑步等有氧訓練有助於提高粒線體數量，而這能夠為代謝系統增加酶的活性和氧氣使用量。雖然粒線體的產生速度未必能更快，卻會變得更大更多，這能使更多脂肪氧化並轉為能量供肌肉收縮。隨著脂肪供應更多能量，肌肉中的肝醣就可留到之後提高配速時再用。基本上，撞牆期

就被往後推延，幸運的話，永遠也不會碰到。

　　圖 2.3 和圖 2.4 說明了目前為止討論的內容。圖 2.3 是受過訓練的跑者進行最大攝氧量跑步機檢測後的常見結果。在多數時候，跑步強度提升時，你會發現耗氧量也出現線性增加。達到閾值點後，我能見到圖中曲線稍微偏折。第一個折點是有氧閾值；第二個折點為無氧閾值。圖 2.4 則說明跑步機檢測時血乳酸的實際測量值。藉由描繪檢測時固定間隔內的血液乳酸量，我們會再次看到折點與閾值點相吻合。*

　　這裡要切記的是，無論配速為何，調整一個人的有氧閾值對於成功半馬很重要。運動強度提升時，改善燃燒脂肪提供能量的能力將賦予你更高的續航力和更快的速度。就訓練觀點而言，這說明在漢森訓練法占大宗的輕鬆跑為何能夠提高短期和長期的適應品質。輕鬆跑絕非「垃圾跑量」，而且不容忽略。

跑步經濟性：配速很重要

　　跑步經濟性（running economy）描述以特定配速跑步時所需的氧氣量，這也是跑者最後必須了解的生理主題。思考一下這個情況：A 跑者與 B 跑者的最大攝氧量同為 60 毫升／公斤／分鐘。B 跑者配

---

*　　審訂者注：有氧閾值和無氧閾值是使用氣體分析數據作為定義，從遞增運動負荷測驗所得攝氧量變化曲線的折點定義有氧閾值和無氧閾值並不正確，甚至也不能在乳酸變化曲線見到相同的現象。

速每英里 6 分 30 秒的攝氧量是 50 毫升／公斤／分鐘，而在相同配速下 A 跑者則是 55 毫升／公斤／分鐘。有鑑於此，B 跑者比 A 跑者更具經濟性，但更重要的是，B 跑者可能也更快。如圖 2.5 所示。

跑者經濟性即跑者以特定配速跑步時使用的氧氣量；需要的氧氣越少越好。

圖 2.5　比較類似跑者的最大攝氧量

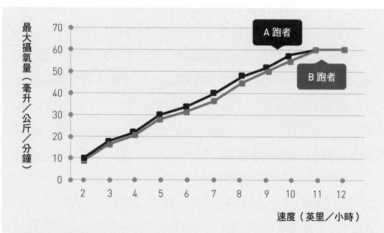

打敗或輸給對手的差別可能在於跑步經濟性。此圖顯示 A 跑者和 B 跑者有相近的最大攝氧量，但 B 跑者在圖中任何速度下的氧氣用量稍低。這表示 A 跑者會比 B 跑者更辛苦一點，而這可能就是輸贏之別。

雖然一直以來有不少跑步經濟性的討論，但有兩件事實顯而易見。首先，跑步經濟性仰賴大量訓練。你不用週週跑 120 英里，但

你的跑量必須足以因應你現在訓練的距離。此處說的「足夠」是指要在比賽中獲得良好表現所需的跑量。舉例來說，一週 20 英里對於 5 公里新手跑者已是足夠跑量，但對於進階的半馬跑者則遠遠不足。依據你要參加的比賽、你已經維持跑步幾個月或幾年，以及你打算跑多快，跑量也會有所不同。

　　跑步經濟性的第二個要素就是速度訓練。你接受特定配速的訓練，就能逐漸在該配速下擁有更高的經濟性。由於你的目標是在比賽配速下改善跑步經濟性，所以你必須充分進行該配速的訓練。這也突顯為什麼訓練時不要跑得比規定速度還快這點很重要，以及為何配速成為本課表的關鍵內容。如果你跑得比建議速度還快，那麼根據實際比賽表現，你接受的訓練可能是你還沒準備好的程度。訓練時超過建議配速，會使跑步出現意料之外的結果；例如：輕鬆跑可能變得像節奏跑，節奏跑像強化跑，而強化跑則變成速度跑。一開始你也許覺得可以達到這些配速，但就我們的經驗來看，大多數在訓練時跑太快的人最後會過度訓練、筋疲力盡或者受傷。如果你強烈認為要以更快的配速進行訓練，那麼很重要的是，得先參加（或模擬）比賽，藉此確認你準備好邁向更激進的配速目標。

　　跑步經濟性的有效性並非沒有爭論，有些教練和知名運動科學家質疑跑步經濟性是否為比較跑者的重點。如果要比較跑者的比賽時間，那麼可能很重要；但如果不是要談比賽時間，可能就不重要。換另一種方式來說，如果你是建築工人，正在物色一輛新皮卡小貨車，你會在意轎車的經濟性嗎？也許不會，因為那不是你要買的車款。但如果你發現你能得到一輛新的福特 F150 皮卡車，每加侖的油可跑 30 英里又不會犧牲車子性能，此時你就會豎起耳朵了，對吧？

如果市面上卡車性能優於其他車款，尤其會如此。

我要強調的是，經濟性很重要，還可以把它當成評估個人進步的方法。如果你改善跑步經濟性，那麼你會跑得更快。如果你更有效率地使用脂肪，並且改善最大攝氧量與無氧閾值，你會是更棒的跑者。此外，由於這些進步，你能夠使用更少能量跑得更快。舉例來說，訓練前你可能每英里跑 7 分鐘並維持 75% 的最大攝氧量，而現在你可以維持相同配速但使用 70% 的最大攝氧量。跑步經濟性可以讓你量化這些改變，並觀察這些因素如何幫助你進步。

以生理學為本的方法

了解有關最佳耐力訓練的生理學因素後，你就能理解每一項運動的原因。隨著肌纖維逐漸適應跑步壓力，最大攝氧量最佳化、無氧閾值提高，而且在更高強度下的燃脂能力也提升了。最後跑步經濟性進步，這就是持續最佳化訓練的成果。這一切都歸因於人體內微小的生理學變化：微血管增加、粒線體數量變多和體積擴大，以及更活躍的粒線體酶反應，這些表示在相同配速下跑步可使用更少的氧氣。漢森訓練法的可貴之處在於，各類跑者都能進行相同訓練，但又維持有利於個人的配速跑步。生理適應能使你進步，而漢森訓練法的規畫能確保你發展出這些生理適應。

馬拉松生理學

PART II——THE PROGRAM

第二部　計畫

第三章

訓練計畫要素

　　我最近就成功這個議題和一名我們的教練進行討論，他問我：「一名跑者以 50% 的努力達成他設下的 70% 目標，這樣算成功嗎？」我們有一名訓練中的選手在整個訓練課中企圖找到任何持續性的假象，因此出現這個問題。他的鍛鍊經過不停更換、移除或放棄，在他最後訓練階段前，我們都很懷疑訓練計畫如此大幅度改變後，跑者會有何表現？我們得到了答案。可惜的是，對我們的跑者而言，結果並不太理想。

　　在第二章，我們討論過跑半馬時的獨特生理學與其如何因人而異。在本章我們將討論訓練要素，我們會把複雜的生理學轉變成方程式，並藉此帶領你達到你的半馬目標。

當你開始剖析我們的訓練計畫時，不妨想想只求完賽課表、新手跑者課表和進階跑者課表的多項要素。將你的每日訓練做變化，就能訓練到不同系統，而所有系統會一起運作使你的跑步潛能最大化。跑步可分成輕鬆跑和素質練習。

圖 3.1 是每週跑量的分解細項。素質練習包含長跑、節奏跑、強化跑和速度跑。長跑歸類在素質練習之下，因為就定義而言，這類跑步會比一般輕鬆跑需要更多體力；不過配速相較於比賽配速來得慢一些，可以定義為輕鬆跑。

具體來說，半馬訓練的長跑配速比你的比賽配速更慢，要多花每英里 1 分 10 秒至 2 分 30 秒。

經常有人詢問希望納入跑山路或反覆山坡跑的訓練。你也許注意到，訓練課表並未特別提到哪一種坡道，一部分是為了簡化課表，方便照表操課。山坡跑是很好的訓練，但對於本書與本書讀者而言，山坡跑也許依個人情況訓練會更佳。

此外，耐力賽訓練應該涵蓋不同性質的接觸地面，尤其是速度跑通常在平面跑道上訓練，而強化跑則應該在有更多起伏的地形。例如：漢森－布魯克斯長跑計畫運動員跑一圈 6 英里的強化跑訓練時，會選有丘陵地形的地方公園，這樣他們就能在素質練習訓練中體驗山坡跑，又不需要特別進行山坡跑訓練。

> **超負荷原則**的概念是指規律接觸特定運動能提高某種生理功能，因此引發訓練反應。（你會越來越適應。）

訓練計畫要素

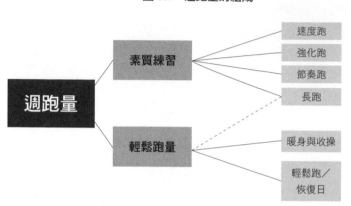

圖 3.1　週跑量的組成

漢森訓練法多種方法的基礎來自超負荷原則，也就是說，身體從事某種會打亂身體現有體內動態平衡（內在平衡）的活動時，會啟動若干恢復機制。

一如第二章所言，不同的壓力會使系統過度負荷並刺激生理變化，而這些適應反而能使身體在下次遇到特定壓力前做好更充分的準備。這裡開始出現累加疲勞的概念，也強調出我們整套訓練的原理。

累加疲勞的重點在於挑戰身體，但又不至於走上不歸路（過度訓練）。在訓練過程中，你會注意到我們的訓練旨在對不同閾值施壓，但又不會讓任何一種閾值破表。

根據建議的配速與強度進行多種訓練，你就能直接前進獲得最

大益處的邊界，但永遠不會跨越那條線。

輕鬆日

輕鬆跑

　　大家對於輕鬆跑有許多誤解。許多人認為，這不過是填充性質的垃圾跑量。有不少新手相信，輕鬆跑絕非必要、可有可無，因為它不會帶來任何實質好處。不要被騙了──輕鬆跑對於跑者能力的成長非常重要。

　　這是個好消息，因為這意味著並不是每次跑步都得跑到筋疲力盡。

　　輕鬆跑對身體帶來相對輕微的超負荷，能在不痛苦的情況下帶來諸多好處，同時比素質練習更快累積訓練量。它能讓身體持續處於輕微破壞狀態，除了避免受傷，也能強迫身體適應壓力、提升體能。

　　在進階課表的高峰週期間，我們安排每週跑量最高達 63 英里，其中 31 英里可被歸為輕鬆跑量，占比約 49％。圖 3.2 說明為何這類訓練要占週跑量將近一半。輕鬆跑極為重要，能帶來各式生理適應，包括刺激肌肉纖維發育、提高能量使用效率、增加微血管密度、強化心肺功能與身體結構。

輕鬆跑帶來的生理變化

　　思考輕鬆跑的重要性時，先看輕鬆跑為肌纖維帶來的變化。一如第二章所討論，雖然跑者先天擁有的慢縮肌纖維數量最終會決定

　　　　　　　　　　　　　　　訓練計畫要素

他或她的半馬潛能，但是訓練可以帶來改變。

　　輕鬆跑會徵用所有的慢縮肌纖維，因為它們比更強而有力的快縮肌纖維有更低的「啟動」（firing）或收縮閾值。跟其他肌肉一樣，越常使用就成長越多。隨著抗疲勞能力獲得改善，便能靠慢縮肌纖維多跑幾英里，避免完全使用快縮肌纖維並保留到更遠的距離再使用。

　　最後，輕鬆跑能幫助慢縮肌纖維變得更能抵抗疲勞，也有助快縮肌纖維展現許多慢縮肌纖維的功能。

圖 3.2　輕鬆跑的好處

了解輕鬆跑帶來的所有好處，還會覺得輕鬆跑是垃圾跑量嗎？

此外，你擁有越多慢縮肌纖維，你就越能為脂肪轉化為能量做好準備。現在我們知道這是一件很好的事情，因為身體擁有大量脂肪可燃燒，卻只有限量的碳水化合物供給。你燃燒脂肪而非碳水化合物的時間越長，就越晚因耗盡肝醣（碳水化合物）而遇上可怕的「撞牆期」。

你以比較低的強度跑步時，身體會燃燒約 70% 的脂肪和 30% 的碳水化合物。加快配速時，消耗碳水化合物的比例也會提高。你的輕鬆跑日成為慢縮肌纖維成長的加速劑，而且會持續教導身體燃燒更多脂肪而不是碳水化合物。

慢縮肌纖維比快縮肌纖維更善於燃燒脂肪，因為前者擁有更多粒線體、燃燒脂肪的酶，以及微血管。

為了因應由脂肪提供訓練時身體所需的大量燃料的需求，粒線體長得更大，並且分布在肌肉中。實際上，研究指出，只要經過 6 至 7 個月的訓練，就能刺激粒線體最多成長 35% 的體積而且增加 5% 的數量。這有利於你的跑步，因為更高密度的粒線體可以更有效率地分解脂肪。例如：如果你去年在特定配速下可燃燒 60% 脂肪，訓練過後你可能已將該比例提高至 70%。

多虧輕鬆跑，你體內有助燃燒脂肪的酶也會增加。體內的每一個細胞都有這些酶，它們等待你進行有氧運動來「活化」它們。你不需要吃藥或進行特別手術；這不過是你身體燃脂的自然方式。酶讓脂肪得以進入血管，再到肌肉作為燃料。由於粒線體增加和燃脂的酶提高，身體可以延長使用脂肪的時間，延後「撞牆期」並使你能夠跑得更久。

微血管發展是另一項輕鬆跑的好處。因為跑步需要更多血液來

為身體供應氧氣，運動肌肉中的微血管數量也會隨著訓練而增加。只要跑步幾個月，微血管床就可增加多達 40%。除此之外，慢縮肌纖維會比快縮肌纖維有更廣泛的微血管網，為那些慢縮肌纖維提供更多氧氣。一旦運動肌肉中的微血管密度提高，就能以更有效率的方式來提供更多氧氣。

輕鬆跑也可為運動肌肉以外的肌肉帶來多種適應。如你所知，負荷增加時身體需要更多氧氣，運輸更多氧氣到系統的辦法就是輸送更多血液。訓練數個月後，其中多數訓練為輕鬆跑，跑者會發現俗稱「氧氣輸送機」的血紅素（hemoglobin）數量增加，血漿量也會增加 35 ～ 40%。增量不僅有助輸送氧氣，也能帶走代謝產生的廢物。

促進這些發展的最佳辦法就是輕鬆跑。如果有人想從課表中除去輕鬆跑，所有的這些適應將大幅減少。

從一方面來看，想想間歇跑訓練你能跑多少，這樣的辛苦訓練也許只能跑幾英里。再從另一方面來看，想想你能跑多少輕鬆跑，每週可跑好幾英里。

如果你想把對身體施加的壓力提到最高（幾乎發揮 100% 的能力），你只能進行有限度的訓練；如果你以低強度跑步為基礎來訓練身體，你能夠承受更多的訓練量。換句話說，每天從事輕鬆跑可使心臟有更多機會來適應適度負荷，但極高強度的有限訓練量則無法辦到。

輕鬆跑也能改變生理系統的結構，有助於你在任何距離的跑步取得佳績。跑步肌肉的肌腱會出現重要的適應。跑步時，身體落地時會承受跑者體重的數倍重量；配速越快，承受重量就越大，這會對肌腱和關節產生壓力，而透過輕鬆跑的逐漸訓練，身體得以慢慢

適應更高強度的衝擊力，未來才能應付快配速跑步的更高需求。

　　整體來說，輕鬆跑刺激的這些適應促進改善最大攝氧量、無氧閾值和跑步經濟性。雖然速度快的無氧訓練幾乎無助於提高肌肉的有氧能力和耐力，但大量輕鬆跑可使有氧能力大躍進。

　　無論你期待強化心臟、運輸更多氧氣以訓練肌肉，或者單純想要能夠以特定配速跑更久，所有跡象都顯示，在訓練中加入大量輕鬆跑，好處多多。

輕鬆跑準則

　　輕鬆跑經常被定義為持續 20 分鐘至 2.5 小時，並以 55 ～ 75% 最大攝氧量的強度進行的跑步。由於多數人沒辦法測量最大攝氧量，退而求其次的辦法就是看每英里的配速。

　　《漢森半程馬拉松訓練法》要求輕鬆跑的配速比目標比賽配速每英里要慢 1 分 30 秒至 2 分 30 秒之間。舉例來說，如果你的目標半馬配速是每英里 7 分鐘，你的輕鬆跑配速應為每英里 8 分 30 秒至 9 分 30 秒之間。

　　輕鬆跑是訓練的必要部分，控制配速則是效率的關鍵，務必確保別跑得太過輕鬆。如果你的配速太低，不過是在傷害肌腱和骨頭，而且還沒獲得任何有氧益處。見本章末處的表 3.5 以了解個人依循的準則。

　　請記住，有「快」的輕鬆跑（比半馬配速每英里慢 1 分 30 秒），也有「慢」的輕鬆跑（比半馬配速每英里慢 2 分 30 秒）。「快」和「慢」的輕鬆跑並未標示在行事曆上，可依個人經驗和體能程度保留一些彈性。

如果你是新手跑者，多把重心放在跑量，比較不用在意維持特定速度。相對而言，進階跑者輕鬆跑時應該在快、慢配速間轉換，尤其是長跑。

暖身和收操都是比較慢速的跑步。這裡的概念就只是要在不跑和快跑之間做各種變化，反之亦然。素質練習隔天也許你能（依個人經驗）選擇慢配速。例如：若你週日長跑、週二強化跑，那麼你週一應該輕鬆跑，確保你能恢復並準備好接受週二的訓練。

新手跑者選擇比較慢的輕鬆跑，可以更安全地過渡到更高的跑量。比較高階的跑者可能會覺得在素質練習後還能應付更快的輕鬆跑。節奏跑隔天和長跑前兩天的輕鬆跑，是採用接近比半馬比賽配速每英里慢 1 分 30 秒跑法的好時機。

無論你是新手還是尋找新方法的進階跑者，都請遵照輕鬆跑的計畫。在這些輕鬆日跑得開心，享受風景或與朋友邊跑邊聊天。你也能同時提升許多生理益處，更棒的是，經過好好放鬆跑步後，身體會期待挑戰並做好準備迎接下一次的素質練習。

表 3.1　輕鬆跑如何納入整體訓練

週一	輕鬆跑	輕鬆跑	輕鬆跑
週二	速度跑	速度跑	速度跑
週三	休息	休息	休息
週四	節奏跑	節奏跑	節奏跑
週五	輕鬆跑	輕鬆跑	輕鬆跑
週六	輕鬆跑	輕鬆跑	輕鬆跑
週日	長跑	長跑	長跑

* 週一和週五的配速應該謹慎合理地設定。
** 週六應考慮較快的輕鬆跑配速。

表 3.1 的計畫讓你全面了解輕鬆跑如何納入整體訓練的行程表。週一輕鬆跑距離大約 4 ～ 8 英里，週二速度跑，週日長跑。另外要注意，週五的輕鬆日得接在週四的節奏跑後面。此時可能會過度訓練，所以將輕鬆跑安插在素質練習之間。第一部分的訓練行程表很常出現這種情況，這時跑者仍然覺得精神抖擻，他們會跑得比規定速度還快。切記，這段時間你不需要擔心你跑多快；重點是你花多少時間跑步，而不是配速。

　　至於週六的輕鬆跑，你的配速可以有更多彈性。如果你覺得狀態不錯，可以在輕鬆跑範圍內跑快一點。維持在配速範圍內會出現代謝適應，但如果你總是習慣性跑得快一點，可能會受傷，因此務必確保適當調整配速。

　　圖 3.1 也會告訴你到什麼程度不該再繼續為你的訓練週加入訓練；如果要繼續進步，那麼新增的訓練一定是多加入一天輕鬆跑（週三），以及 / 或者增加輕鬆跑的跑量，而非單純提高跑步強度。你會注意到，在《漢森半程馬拉松訓練法》中，一旦達到最大訓練跑量，會再加進每週跑量的訓練就是輕鬆跑。

以交叉訓練替代跑步

　　交叉訓練（Crosstraining）可當成補充訓練的部分會在第七章討論。不過這邊我想談談把交叉訓練當成替代訓練。漢森訓練法旨在幫你達到目標，這表示要盡可能完全遵照書中課表。你越熟悉本訓練法，就越能了解我們的課表比其他熱門訓練計畫有更多的跑步訓練。為什麼？因為如果要更擅長跑步，你就必須跑步，這稱作「專項性」（specificity）。

訓練計畫要素

本章討論過輕鬆跑帶來的跑步發展與其伴隨而生的生理生長與益處，一旦將輕鬆跑換成交叉訓練，也會失去上述重要改變。這也可能使跑者在比賽時的跑步潛能降低。為何會這樣？課表若規定比較少的跑步和每週跑步日，往往會培養出總是對訓練躍躍欲試的跑者；這麼一來，這些運動員經常會在訓練時跑得太用力，卻覺得表現良好。這可能使他們在比賽時過度自信而且採用不佳策略。

我常從我指導的跑者那裡聽到一個論點：「盧克，我沒辦法維持跑量，我老是受傷。」他們反而喜歡一週 3 天的課表，在當週其他天加入交叉訓練。這沒辦法帶領你在半馬中展現出最佳表現。你無須害怕跑量；多數人逐步訓練後能夠承受跑量增加，但是你必須正確增加跑量。

- 不要一次將交叉訓練全部改成跑步，階段性逐步換掉交叉訓練。在展開我們的訓練課表前，試著一週減少一次交叉訓練並換成一趟跑步。
- 考慮在短程跑步中逐步提高跑量，例如在該週每趟輕鬆跑中加入 1 英里。
- 選擇適合你的配速跑步，就算這表示要放慢速度，尤其是在你的輕鬆日。

素質練習

長跑

談到長距離比賽的訓練時，沒有能比長跑得到更多關注的了，

無論這些關注是好是壞。

長跑是許多跑者訓練時的狀態指標，這是跑者與其他對手比較的一種辦法。對許多人而言，長跑就像不斷出現在訓練計畫中的大問號，你不確定能否撐下去，但還是會義無反顧地投身感受其中的辛苦。

長跑在半馬訓練中不若全馬訓練一樣占很大部分，但在多數不錯的半馬課表中仍是訓練重點。不過令人驚訝的是，許多現有的長跑建議在誤導跑者。在跑量相對低的訓練週後，有些計畫建議折磨人的長跑，最後搞得更像是跑步災難而非有效的訓練。舉例來說，在一週 3 天的半馬訓練課表最後安排 16 英里的長跑，可能令人士氣低弱而且容易受傷。

我們的半馬訓練法貼心且有系統，我們調整長跑跑量，以配合達到累加疲勞的整體目標。一如第一章談到的原因，累加疲勞是漢森訓練法成功的關鍵。但是長跑應該要能夠刺激累加疲勞，而且不用澈底操壞你的雙腿。這麼一來，前一次長跑後你不用花整週的時間等待復原，反而能繼續為接下來的長跑打基礎。

看看一週課表與週日的長跑（見表 4.3）。照表操課的話，你會在週四進行節奏跑，然後週五和週六進行比較短距離的輕鬆跑。在長跑前我們不會給你完整的休息日，因為會在輕鬆跑日恢復。沒有單一訓練會完全耗盡你的儲存能量，或讓你的雙腿筋疲力盡，所以疲勞會逐日累積。

這項計畫使你能夠部分恢復，但目的是避免讓你長跑前覺得渾身是勁。在週日的長跑之後，你會在週一輕鬆跑，週二則是強化跑。這樣的訓練一開始看起來也許太多，但因為你的長跑配速和跑量會

　　　　　　　　　　　　　　　　　訓練計畫要素

依你的能力和經驗調整，因此恢復所需時間也比較短。

長跑帶來的生理變化

長跑有許多益處，其中許多好處與輕鬆跑的益處有關。就心理層面來說，隨著你一週又一週累積跑量，長跑能幫助你建立信心。長跑有助於你發展出完成任何耐力賽的必要技巧。就算你覺得尚未處於身體最佳狀態，長跑也會教你如何堅持下去。

你永遠沒辦法知道比賽當天會發生什麼事，所以長跑的益處可能變成你的本錢。但最值得注意的是長跑帶來的生理適應，這些好處包括最大攝氧量提高、微血管生長增加、心臟變強健，以及細胞提升利用脂肪的能力。當你的身體受過長跑訓練，就會產生適應，並學習儲存更多肝醣，使你在筋疲力盡前跑得更遠。

長跑的好處包含：

- 總跑量歷經多週訓練後增加，你也更具信心
- 最大攝氧量增加
- 細胞提升利用脂肪的能力
- 肌肉力量增強
- 肌肉儲存的能量增加

除了增加肌肉儲存的能量，長跑也會加強肌肉力量。雖然你的身體長跑時會首先使用慢縮肌纖維，但慢縮肌纖維變疲勞後，最終

還是會使用快縮肌纖維。訓練快縮肌纖維的唯一辦法就是跑得夠長，先把慢縮肌纖維弄累；藉由強化這些肌纖維，你就能避免比賽日出現撞牆期。目前為止，多數這些適應聽起來也許似曾相似。

長跑準則

知名跑步研究人員兼教練傑克‧丹尼爾斯（Jack Daniels）的建議是我們長跑原理的基礎。他建議跑者長跑時千萬別超過每週跑量的 25 ～ 30%，無論他們接受的是 5 公里、半馬，還是全馬訓練。他也建議長跑訓練的極限應該定為 2.5 ～ 3 小時，超過這段時間便無生理益處，還可能造成過度訓練、受傷和筋疲力竭。

戴夫‧馬丁（Dave Martin）博士是喬治亞州立大學（Georgia State University）跑步研究人員兼美國隊顧問，他建議長跑的時間應該控制在 90 分鐘至 2 小時之間。

根據南非傳奇研究人員兼作家蒂姆‧諾克斯（Tim Noakes）的說法，持續以輕鬆到中度的強度並維持 70% 至 85% 最大攝氧量跑步 2 小時以上，會最大幅度地消耗體內肝醣。

運動生理學家大衛‧科斯蒂爾（David Costill）也指出，持續跑步 2 小時會降低肌肉中高達 50% 的肝醣。雖然比賽當天能夠接受這樣的肝醣消耗率，但在訓練期間卻會適得其反，因為這需要長達 72 小時的時間才能將原本的肝醣庫存量給補回來。當你過度使用儲存能量，可能會因為疲勞而缺席重要訓練，或者靠過度疲累的雙腿繼續訓練，最後傷了自己。

漢森訓練法不會隨便要求 20 英里長跑，讓你面臨降低能量補充的風險，我們看的是長跑在週跑量與總跑步時間的占比。這聽起來

不符合慣例，但你會發現我們的建議並非憑空而來；其中有扎實的科學根據與經證實的結果。表 3.2 依據你當週的總跑量，列出你應有的長跑距離。

　　配速是這個方程式中的重要元素。除了完成每一趟長跑的理想距離，你還必須遵照特定配速才能獲得最大益處。如果你是跑步新手，或者對長跑感到陌生，首要目標就是要培養你的耐力。在這種情況下，目標就是讓跑步速度慢到足以完成跑量。當你逐漸適應，能夠跑得更快也更有經驗之後，配速會開始在身體對長跑的整體適應中扮演要角。隨著你的耐力提高，你的配速可能也會自然提升。

表 3.2　依週跑量決定的長跑距離

	週跑量的 25%	週跑量的 30%
20 英里／週	5 英里	6 英里
30 英里／週	7.5 英里	9 英里
40 英里／週	10 英里	12 英里
50 英里／週	12.5 英里	15 英里

　　我們每個人跑相同距離的時間不盡相同，合理的做法是依個人跑步速度來調整長跑距離。研究告訴我們，就長跑訓練而言，2 ～ 3 小時是代謝適應的理想範圍，一旦超過這個範圍，肌肉就會開始衰竭。表 3.3 說明完成 10、12 和 14 英里的長跑分別需要花費多少時間。假設速度比較慢的跑者每週跑量可能比較少，我們可見到這些距離很好地說明了跑量、時間與長跑在每週跑量的占比彼此息息相關。

當然你必須先決定跑步配速，之後再決定你的長跑距離。我們通常會建議跑者長跑時維持輕鬆至中度的配速。別把這當成訓練量高的輕鬆跑，而是把這當成長距離訓練。如果你是半馬新手，你逐漸適應更長距離的跑步時，容易在輕鬆的配速上犯錯。比較高階的跑者應該維持中度配速，因為他們的肌肉已經適應這類強度耐力跑施加的壓力。

整個訓練過程中，你要避免過度進行這些長跑訓練，如此一來不僅能夠獲得更多益處，還能夠避開過度訓練造成的潛在危害。可參考表 3.5 了解實際配速。

表 3.3　依每英里平均配速決定長跑距離*

配速／英里	10 英里	12 英里	14 英里
7 分鐘	1 小時 10 分	1 小時 24 分	1 小時 38 分
8 分鐘	1 小時 20 分	1 小時 36 分	1 小時 52 分
9 分鐘	1 小時 30 分	1 小時 48 分	2 小時 6 分
10 分鐘	1 小時 40 分	2 小時	2 小時 20 分
11 分鐘	1 小時 50 分	2 小時 12 分	2 小時 34 分
12 分鐘	2 小時	2 小時 24 分	2 小時 48 分

*　譯注：配速表為英里配速，1 英里等於 1.609344 公里，假設 1 英里配速為 6 分鐘，可由下列方法換算為公里配速：
6 分鐘 =360 秒
360 秒 ÷1.609344=224 秒（四捨五入至整數）
224 秒 =3 分 44 秒
配速 1 英里 6 分鐘 =1 公里 3 分 44 秒

訓練計畫要素

速度跑訓練

加入速度跑後，半馬訓練開始變得更有意思了。我們談到速度跑時，其實就是指間歇訓練，也稱作反覆訓練。速度訓練要求你以高強度跑特定距離多趟，並在快跑中間夾雜恢復跑。這類訓練不僅有助於刺激一些先前提過的重要生理變化，也教會你的心理應付更艱困的訓練。

鬆日通常是低強度訓練，不過速度訓練則需要你認真面對，你獲得的諸多好處之一就是學會紀律。你可能前一晚深夜還在外頭鬼混，隔天一早還是能夠完成輕鬆跑；不過如果你想從速度跑訓練得到最多收穫，你前一天必須吃一頓豐盛晚餐並適時就寢。

你為了完美進行這些訓練所犧牲的任何事物，訓練將會回贈你十倍的成果。每一次你完成速度跑訓練就像把錢存進銀行，這些資源就是你在比賽最艱辛之際可以提領出來的寶藏。

令人驚訝的是，進階跑者經常出現新手在速度跑中犯下的錯誤，亦即他們忽略速度跑訓練。例如：有些來尋求我們協助的跑者在一年跑多場比賽後，仍覺得毫無進步。我們深究這些跑者的訓練史，經常發現他們跑過太多場比賽，以至於他們完全放棄速度訓練，他們將所有時間用來長跑、節奏跑和恢復。強度平平的訓練往往使他們衝過終點線的時間幾無變化。此時我們依《漢森半程馬拉松訓練法》進行教學並使他們了解原因。就跟其他類型的訓練一樣，速度訓練使身體隨時枕戈待旦，並且要求身體適應不同強度和距離的訓練。

許多接受半馬距離訓練的跑者過去曾接受過速度訓練，要說服他們速度跑很重要，並不如說服全馬跑者那樣困難，後者也常無視

速度跑。話雖這麼說，有些人則會太極端，過度強調速度訓練會導致受傷。這裡的教訓是切記所有訓練都有其目的與重要性。

　　如果你是半馬新手，而你過去的速度跑訓練不過是有幾天的跑速稍微比較快，那麼你跟多數人的情況一樣。幸運的是，我們這邊給你的速度訓練將會是更艱難訓練的入門課。一旦你學會進行適當的速度訓練，你的訓練就可能從沒什麼目標方向，轉變成有方向的積極計畫。這些訓練也能幫助你預測自己的半馬實力。有了速度訓練的協助，你可以成功參加比較短的比賽，例如 5 公里或 10 公里比賽，然後再將比賽時間帶入比賽時間換算表，算出你跑半馬可能花費的時間。除此之外，這項訓練有助於突顯弱點，並趁還來得及時加以處理並修正。

速度跑帶來的生理變化

　　速度訓練的最大受益對象就是運動肌肉。經過速度訓練，不只慢縮肌纖維，就連中間肌纖維都能受到最大刺激並提供有氧能量。速度訓練迫使慢縮肌纖維將有氧能力最大化，同時訓練中間肌纖維在慢縮肌纖維疲累時加入。肌肉協調性變好之後，跑步經濟性也會提升。跑步經濟性受速度訓練到輕鬆跑等各種刺激，會影響你的身體在特定配速下使用氧氣的效率。我們越能有效利用氧氣，就越能跑得更遠更快。

　　速度訓練帶來的另一項適應就是增生更多肌紅素（myoglobin）。研究指出，促進肌紅素生長的最佳辦法就是進行高強度跑步（超過80% 的最大攝氧量）。跟血紅素攜氧至血液的方式差不多，肌紅素協助運送氧氣到肌肉再到粒線體。在肌紅素的幫助下，提高的氧氣

　　　　　　　　　　　　　　　訓練計畫要素

量需求可獲得滿足，並回應微血管運輸和粒線體的需求。高強度運動也可以提高無氧閾值。

　　基本上，速度間歇跑有如買一送一的票券，可在相同訓練中提高無氧閾值與最大攝氧量。

　　此外，由於速度訓練涵蓋近乎 100% 最大攝氧量（但不會超過）的高強度跑步，因此體內儲存的肝醣會提供高達 90% 的能量，這會快速消耗肝醣。這麼一來反而迫使肌肉適應並儲存更多肝醣，以供未來訓練使用。

速度訓練的好處包括：

- 肌纖維最大程度成長
- 提升跑步經濟性
- 增加肌紅素
- 提高無氧閾值
- 促使身體儲存更多肝醣

速度跑準則

　　你會注意到我們的計畫將速度訓練安排在訓練之初，而後半段則會有更針對半馬的訓練。這看起來可能有違我們強調要從基礎開始訓練的說法，但是如果速度訓練的速度恰當，將其納入初期的訓練週期也不無道理了。至於其他訓練，正確配速相當重要。

你會注意到，課表進行到一半時，速度訓練會逐漸換成強度訓練。跑者經常擔心他們會失去好不容易才得到的速度跑益處，但耐力跑者（尤其是賽時超過 90 分鐘以上的跑者）無須害怕。別忘了我們解釋過配速超過 80% 的最大攝氧量通常就會出現這些益處。照這樣看來，速度訓練是比較短的間歇跑，95 ～ 98% 是理想最大攝氧量。強度訓練則接近 80% 的最大攝氧量，但時間比較長。我們很快會談到強度訓練，但要注意，速度訓練能使你進步，強度訓練則讓你維持良好狀態。

許多教練談到速度訓練時，其實說的是 100% 最大攝氧量的訓練。實際上，要以 100% 最大攝氧量的配速跑步，只能維持 3 ～ 8 分鐘。如果你是新手跑者，3 分鐘可能比較實際，而菁英跑者也許能夠持續跑步接近 8 分鐘。不過以 100% 最大攝氧量或以上的配速跑步會使身體肌肉開始疲累，迫使身體高度依賴無氧能量來源。身體會過於依賴無氧系統，無法發展出跑出漂亮半馬所需的有氧適應好處。

我們課表的速度訓練會以你參加 5 公里和 10 公里比賽的目標時間為基準，這些比賽持續的時間都遠長於 3 ～ 8 分鐘。你不用進行 100% 最大攝氧量配速的訓練，可能以 80 ～ 95% 最大攝氧量跑完這段距離即可。跟其他計畫不同的是，漢森訓練法教你以稍微低於 100% 最大攝氧量的配速完成速度訓練，藉此刺激最大生理適應。如果跑超過這個配速，不僅沒辦法得到好處，還可能受傷。

除了配速，速度間歇訓練的時間也很重要。理想時間為 2 ～ 8 分鐘。如果時間太短，理想強度訓練的時間便會縮減，等於浪費掉寶貴的訓練時間；但如果時間太長，乳酸開始堆積，你會累到無法以預期配速完成訓練。所以速度間歇訓練的時間長短應該依個人能

訓練計畫要素

力與經驗程度調整。例如：400 公尺的反覆跑訓練，每趟間歇跑時間約為 2 分鐘，可能非常適合初學者。相對之下，進階跑者接受同樣訓練，完成一趟 400 公尺的反覆跑可能會少用 25% 的時間，因而受益更少。

恢復也是速度訓練的另一項重點，為下一趟間歇跑提供所需的休息。恢復準則通常會說，恢復時間應為反覆跑持續時間的 50 ～ 100%。換句話說，如果反覆跑持續 2 分鐘，恢復時間應該介於 1 ～ 2 分鐘。不過，我們在速度訓練一開始，通常會給初學者更長的恢復時間，好讓他們撐完整個訓練。

我們依距離安排恢復時間（例如：跑 800 公尺 6 趟，搭配 400 公尺的恢復跑）。這樣的安排通常符合恢復時間的準則，尤其是反覆跑距離增加的情況。400 公尺跑 12 趟的訓練中，恢復時間則會比較長。因為這通常是整體訓練計畫中的第一個速度訓練，我們希望確保你能完成。此外，讓跑者在恢復時不斷前進、慢跑，這樣的效果比較好；否則，跑者進行下一趟反覆跑之前，往往還要乾站著休息幾分鐘才能繼續。

經過進一步訓練，運動員逐漸能夠應付更多訓練，就可以縮短恢復時間了。進行間歇訓練時，跑者可以調整間歇訓練量或恢復時間的長短。但是間歇訓練量要配合課表的跑量，因此我們不會加以更動。不過隨著你逐漸適應，可能開始覺得原本的間歇配速變得輕鬆。在這種情況下，縮短恢復時間便可維持與先前課表相同的刺激程度。不過還是要注意跑步難度別調太高。

間歇訓練的目的是要累積預期強度跑步的時間，不是要讓你累到無法維持像樣的訓練。如果你的反覆跑訓練太吃重，連恢復跑都

跑不動，那麼你可能無法以預期配速完成下一趟間歇跑。涵蓋暖身、收操和恢復，最終這幾趟速度訓練的總量應該是 3 英里的高強度跑步。如果你無法完成總共 3 英里的間歇跑，就表示你的間歇跑訓練難度超越你的能力，使你無法獲得先前討論的那些適應。

換句話說，如果你是新手跑者，而且完全沒接觸過速度訓練，與其完全不進行速度訓練，更好的辦法是僅挑選部分訓練並依照正確配速跑步。如此一來，依個人需求累積到規畫的跑量也不成問題。

《漢森半程馬拉松訓練法》採用的速度訓練如下表所示。一般來說，計畫表會先從持續時間比較短的反覆跑開始（10 ～ 12 趟 400 公尺），之後再進行長時間的反覆跑（4 趟 1,200 公尺與 3 趟 1,600 公尺）。一旦達到最高程度（從持續時間最短的訓練到時間最長的訓練），那麼你便可自行選擇最能使你有最佳體能進步的訓練。

多數運動生理學家認同，持續 2 ～ 6 分鐘的間歇訓練時體能會有最多進步。比這還短的訓練對最大攝氧量的刺激不足，超過上述時間的訓練又會過度施壓，變得太過疲勞。因此以此觀念為指南，如果 1,600 公尺的訓練超過 6 分鐘的臨界值，就別做這項訓練。將每一趟反覆跑的訓練時間控制在 2 ～ 6 分鐘。

對速度跑新手而言，我們強烈鼓勵你參加地方的跑步團。教練和經驗豐富的跑者會為你指點迷津，消除你在前幾次速度訓練時的疑慮和恐懼。當有學員告訴我，他或她的跑團會在一週的特定日子訓練，此時我會盡力將該跑團納入訓練之中。

除此之外，處於新手階段時，當地的跑道會是你最好的朋友，因為上面有標記，而且整條跑道長得一樣又平坦。如果數字能刺激你，你甚至可以每 100 公尺檢查一次你的配速，穩定得到回饋。這

表示你必須戴錶，因為你的配速一開始可能需要經過幾次錯誤嘗試，此時手錶和有標記距離的跑道能幫助你訓練時維持正確的速度，直到配速變成你的第二天賦。

下表說明如何逐步提高速度訓練，利用這張配速表決定每一趟速度訓練的正確配速。找到你 5 公里和 10 公里的目標配速，並盡可能找到接近該配速的間歇跑。別忘了每一趟間歇跑應該包含 1 ～ 3 英里的暖身與收操。

速度跑訓練進程

訓練	間歇跑（公尺）
1	400
2	600
3	800
4	1,000
5	1,200
6	階梯式訓練
7	1,600
8	800
9	1,600

* 新手跑者計畫只有五週的速度進程訓練。

400 公尺間歇跑配速表

400 公尺間歇跑

12 趟 400 公尺,恢復跑占間
歇跑 50% 至 100% 的時間

所有訓練皆應包含暖身與收操(各
1～3 英里)

5 公里目標時間	10 公里目標時間	400 公尺配速
15:30	32:30	1:15
16:00	33:35	1:18
16:30	34:40	1:20
17:00	35:45	1:23
17:30	36:50	1:25
18:00	37:55	1:28
18:30	39:00	1:30
19:00	40:05	1:33
19:30	41:10	1:35
20:00	42:15	1:38
20:30	43:20	1:40
21:00	44:25	1:43
21:30	45:30	1:45
22:00	46:35	1:48
22:30	47:40	1:50
23:00	48:45	1:53
23:30	49:50	1:55
24:00	50:55	1:58
24:30	52:00	2:01
25:00	53:05	2:03
25:30	54:10	2:06
26:00	55:15	2:08
27:00	57:25	2:13
28:00	59:45	2:18
29:00	62:05	2:23
30:00	64:25	2:28

訓練計畫要素

600 公尺間歇跑配速表

速度跑

600 公尺間歇跑

8 趟 600 公尺，恢復跑占間
歇跑 50% 至 100% 的時間

所有訓練皆應包含暖身與收操（各
1～3 英里）

5公里目標時間	10 公里目標時間	600 公尺配速
15:30	32:30	1:52
16:00	33:35	1:55
16:30	34:40	1:59
17:00	35:45	2:03
17:30	36:50	2:06
18:00	37:55	2:10
18:30	39:00	2:14
19:00	40:05	2:18
19:30	41:10	2:21
20:00	42:15	2:25
20:30	43:20	2:29
21:00	44:25	2:33
21:30	45:30	2:36
22:00	46:35	2:40
22:30	47:40	2:44
23:00	48:45	2:48
23:30	49:50	2:51
24:00	50:55	2:55
24:30	52:00	2:59
25:00	53:05	3:03
25:30	54:10	3:06
26:00	55:15	3:10
27:00	57:25	3:17
28:00	59:45	3:23
29:00	62:05	3:30
30:00	64:25	3:36

800 公尺間歇跑配速表

速度跑

800 公尺間歇跑

6 趟 800 公尺，恢復跑占間歇跑 50% 至 100% 的時間

所有訓練皆應包含暖身與收操（各 1～3 英里）

5 公里目標時間	10 公里目標時間	800 公尺配速
15:30	32:30	2:30
16:00	33:35	2:35
16:30	34:40	2:40
17:00	35:45	2:45
17:30	36:50	2:50
18:00	37:55	2:55
18:30	39:00	3:00
19:00	40:05	3:05
19:30	41:10	3:10
20:00	42:15	3:15
20:30	43:20	3:20
21:00	44:25	3:25
21:30	45:30	3:30
22:00	46:35	3:35
22:30	47:40	3:40
23:00	48:45	3:45
23:30	49:50	3:50
24:00	50:55	3:55
24:30	52:00	4:00
25:00	53:05	4:05
25:30	54:10	4:10
26:00	55:15	4:15
27:00	57:25	4:25
28:00	59:45	4:35
29:00	62:05	4:45
30:00	64:25	4:55

訓練計畫要素

1,000 公尺間歇跑配速表

速度跑

1,000 公尺間歇跑

5 趟 1,000 公尺，恢復跑占
間歇跑 50% 至 100% 的時間

所有訓練皆應包含暖身與收操（各
1～3 英里）

5 公里目標時間	10 公里目標時間	1000 公尺配速
15:30	32:30	3:06
16:00	33:35	3:12
16:30	34:40	3:18
17:00	35:45	3:24
17:30	36:50	3:30
18:00	37:55	3:36
18:30	39:00	3:42
19:00	40:05	3:48
19:30	41:10	3:54
20:00	42:15	4:00
20:30	43:20	4:06
21:00	44:25	4:12
21:30	45:30	4:18
22:00	46:35	4:24
22:30	47:40	4:30
23:00	48:45	4:36
23:30	49:50	4:42
24:00	50:55	4:48
24:30	52:00	4:54
25:00	53:05	5:00
25:30	54:10	5:06
26:00	55:15	5:12
27:00	57:25	5:24
28:00	59:45	5:36
29:00	62:05	5:48
30:00	64:25	6:00

1,200 公尺間歇跑配速表

速度跑

1,200 公尺間歇跑

4 趟 1,200 公尺，恢復跑占
間歇跑 50% 至 100% 的時間

所有訓練皆應包含暖身與收操（各
1～3 英里）

5 公里目標時間	10 公里目標時間	1,200 公尺配速
15:30	32:30	3:42
16:00	33:35	3:50
16:30	34:40	3:57
17:00	35:45	4:05
17:30	36:50	4:12
18:00	37:55	4:20
18:30	39:00	4:27
19:00	40:05	4:35
19:30	41:10	4:42
20:00	42:15	4:50
20:30	43:20	4:57
21:00	44:25	5:05
21:30	45:30	5:12
22:00	46:35	5:20
22:30	47:40	5:27
23:00	48:45	5:35
23:30	49:50	5:42
24:00	50:55	5:50
24:30	52:00	5:57
25:00	53:05	6:05
25:30	54:10	6:12
26:00	55:15	6:20
27:00	57:25	6:36
28:00	59:45	6:51
29:00	62:05	7:07
30:00	64:25	7:23

訓練計畫要素

階梯式訓練配速表

速度跑

階梯式訓練間歇跑

400 公尺－ 800 公尺－ 1,200
公尺－ 1,600 公尺－ 1,200
公尺－ 800 公尺－ 400 公
尺，恢復跑占間歇跑 50% 至
100% 的時間

所有訓練皆應包含暖身與收操（各
1～3 英里）

5 公里目標時間	10 公里目標時間	400 公尺配速
15:30	32:30	1:15
16:00	33:35	1:18
16:30	34:40	1:20
17:00	35:45	1:23
17:30	36:50	1:25
18:00	37:55	1:28
18:30	39:00	1:30
19:00	40:05	1:33
19:30	41:10	1:35
20:00	42:15	1:38
20:30	43:20	1:40
21:00	44:25	1:43
21:30	45:30	1:45
22:00	46:35	1:48
22:30	47:40	1:50
23:00	48:45	1:53
23:30	49:50	1:55
24:00	50:55	1:58
24:30	52:00	2:01
25:00	53:05	2:03
25:30	54:10	2:06
26:00	55:15	2:08
27:00	57:25	2:13
28:00	59:45	2:18
29:00	62:05	2:23
30:00	64:25	2:28

800 公尺配速	1,200 公尺配速	1,600 公尺配速
2:30	3:42	5:00
2:35	3:50	5:10
2:40	3:57	5:20
2:45	4:05	5:30
2:50	4:12	5:40
2:54	4:20	5:50
2:59	4:27	6:00
3:04	4:35	6:10
3:09	4:42	6:20
3:14	4:50	6:30
3:19	4:57	6:40
3:24	5:05	6:50
3:29	5:12	7:00
3:34	5:20	7:10
3:39	5:27	7:20
3:44	5:35	7:30
3:49	5:42	7:40
3:54	5:50	7:50
3:59	5:57	8:00
4:04	6:05	8:10
4:09	6:12	8:20
4:14	6:20	8:30
4:25	6:36	8:50
4:35	6:51	9:10
4:45	7:07	9:30
4:55	7:23	9:50

訓練計畫要素

1,600 公尺間歇跑配速表

速度跑

1,600 公尺間歇跑

3 趟 1,600 公尺，恢復跑占
間歇跑 50% 至 100% 的時間

所有訓練皆應包含暖身與收操（各
1～3 英里）

5 公里目標時間	10 公里目標時間	1,600 公尺配速
15:30	32:30	5:00
16:00	33:35	5:10
16:30	34:40	5:20
17:00	35:45	5:30
17:30	36:50	5:40
18:00	37:55	5:50
18:30	39:00	6:00
19:00	40:05	6:10
19:30	41:10	6:20
20:00	42:15	6:30
20:30	43:20	6:40
21:00	44:25	6:50
21:30	45:30	7:00
22:00	46:35	7:10
22:30	47:40	7:20
23:00	48:45	7:30
23:30	49:50	7:40
24:00	50:55	7:50
24:30	52:00	8:00
25:00	53:05	8:10
25:30	54:10	8:20
26:00	55:15	8:30
27:00	57:25	8:50
28:00	59:45	9:10
29:00	62:05	9:30
30:00	64:25	9:50

強化跑

經過多週規律的速度訓練，肌纖維與生理系統已經適應，並準備迎接更針對耐力訓練的適應。將強化跑加入訓練課表後，訓練目的就從提高最大攝氧量（與無氧閾值）變成維持最大攝氧量，並讓身體準備適應耐力跑產生的疲勞。你會注意到強度訓練開始後，節奏跑與長跑也同時變得更重要。這時的訓練計畫中，跑者做的每一項訓練都是針對半馬比賽而準備。

我們談到強化跑時，說的不是重訓室中的激烈訓練，而是著重強度勝於跑量的跑步類型，目標是高度刺激有氧系統。我們安排的速度訓練，時間短到足以避免累積乳酸（但強度依舊很高），至於強化跑則旨在迫使跑者適應更長距離的跑步，而且會有中度的乳酸堆積。

強化跑帶來的生理變化

經過一段時間後，強化跑會提升無氧能力，這表示你能夠忍受更高程度的乳酸堆積，並且在較高強度訓練中減少乳酸生成。一開始訓練時，你的身體面對乳酸堆積可能會暫時關機，不過強化跑會協助訓練你的肌肉適應乳酸堆積產生的不適。此外，強化跑會教你的運動肌肉加快乳酸代謝、提升跑步經濟性，並使你在相同訓練下使用更少氧氣。強化跑也會刺激提高最大能力的部分利用（fractional utilization）。就實際情況來說，這項能力的進步可使跑者跑得更快更久，進而提高無氧閾值。就半馬而言，這表示能為比賽時間超過90分鐘的跑者儲存肝醣。對於跑速比較快的跑者來說，這表示他們能夠更長時間忍受中度乳酸累積和更高強度的跑步。

訓練計畫要素

強化跑的益處包括：

· 加快乳酸代謝
· 提高乳酸堆積的忍受力
· 配速加快時提升耐力
· 透過變強壯的心臟運輸更多氧氣
· 跑步經濟性增加

　　這些適應全從心臟腔室變大說起。強化跑時，心臟需要比輕鬆跑時更快速且更用力地打出血液。雖然心臟不若速度訓練時那麼辛苦，但也需要以相當高的強度運作，而且持續時間遠遠更長。最後心肌會變得更強壯，腔室也會增大，這表示心搏輸出量（stroke volume）也會提高。心搏輸出量是指每一次心跳，左心室輸出的血量。這會使得更多血液送到運動肌肉中，並因此送來更多氧氣。除此之外，強化跑有助於中間肌纖維參與，提高這類肌纖維的有氧代謝能力。在這些肌肉中，速度提高後會累積比較少乳酸，而且生成的乳酸會再次代謝變成可使用的燃料。基於實用的原因，強化跑很重要，因為這會使你進行比較高配速、尤其是接近無氧閾值的跑步時，開始覺得更輕鬆，跑步經濟性和耐力皆提升。一如你所見，強化跑的好處多多。

強化跑準則

對多數跑者來說，進行強化跑反覆跑訓練時，最大攝氧量會落在 60 ～ 80% 之間，而且速度會比速度跑還慢。比較快的跑者可以將最大攝氧量上調至 85 ～ 90%。不過速度跑距離相對比較短（例如 3 趟 1,600 公尺），而且有適當恢復，至於強化跑的跑量加倍（6 英里強度比較高的跑步），而且恢復時間也比較短。強化跑的配速應較比賽配速每英里快 10 秒。如果你的半馬比賽目標是每英里 8 分鐘，那麼你的強化跑配速則是每英里 7 分 50 秒。跑者跑得越快，就會越接近 10 公里比賽的相對應配速；但對新手來說，強化跑配速差不多介於半馬和 10 公里比賽配速之間，約為 15 公里比賽的配速。你的配速可參考表 3.5。跑得比較快的跑者配速原本就幾乎快上 10 秒，而新手跑者的配速則可能比較慢。你會用節奏跑來練習半馬配速，而強化跑則可讓你的身體更快適應乳酸堆積並刺激無氧閾值，後者會在每英里配速加快 10 秒（或者維持半馬配速）時發生。經過一段時間，配速加快的跑步會累積大量乳酸。雖然強化跑的強度可能不會讓人覺得辛苦，跑量和恢復時間縮短卻足以促成乳酸堆積，並且對此產生好的適應。表 3.4 為強化跑的快速指南。

表 3.4　強化跑快速指南

訓練項目	目標
強化跑配速	比半馬目標每英里快 10 秒
強化跑的恢復	比速度跑的恢復時間更短
反覆跑距離	每趟 1 ～ 3 英里
強化跑總跑量	以強化跑配速跑 6 英里

訓練計畫要素

一如先前所述，恢復跑是強化跑成功的關鍵。為了維持特定程度的乳酸，反覆跑訓練有少量的恢復時間。例如：6 趟 1 英里的強化跑每趟需要 0.25 英里的恢復慢跑；如果反覆跑的配速是每英里 8 分鐘，那麼 0.25 英里的慢跑最後大約需要 2 分 30 秒至 3 分鐘的時間，恢復總時間不到間歇跑 50% 的休息時間。強化跑間歇跑的強度比速度跑間歇跑還低，你可能會忍不住跑超過規定的配速，但是別忘了你期待的適應只會在這個配速出現，配速提高就不會出現了。

　　這些強化跑的跑量大，試著挑選有標記距離的腳踏車車道或圓環練習。雖然也能使用操場跑道，但是訓練變得單調會更容易受傷，因為經常轉彎會使下腿部承受更多扭力。記得訓練一定要加入 1.5 至 3 英里的暖身和收操。

　　先從 1 英里開始，再逐週邁入進階到更長的距離。一旦完成所有訓練，就逐漸縮減距離。基本上，你會從 1 英里間歇跑開始邁向 3 英里間歇跑，之後再逐步減少變回 1 英里。若要確定每一趟強化跑的正確配速，參照下方配速表。找到你的半馬目標，再盡可能找到接近的配速，並按規定展開間歇跑。

強化跑訓練進程

訓練	間歇跑（英里）
1	1
2	1.5
3	2
4	3
5	2
6	1.5
7	1

1 英里間歇跑配速表

強化跑

1 英里間歇跑

3 趟 1 英里，800 公尺恢復跑

所有訓練皆應包含暖身與收操（各 1～3 英里）

半馬目標時間	1 英里配速
1:02:30	4:36
1:04:45	4:46
1:01:07	4:57
1:09:30	5:08
1:12:00	5:20
1:14:00	6:29
1:17:00	5:42
1:19:00	5:52
1:21:30	6:01
1:24:00	6:14
1:26:00	6:24
1:29:00	6:37
1:31:00	6:46
1:33:30	6:58
1:36:00	7:09
1:38:00	7:19
1:41:00	7:32
1:43:00	7:41
1:45:00	7:51
1:48:00	8:04
1:50:00	8:13
1:53:00	8:27
1:55:00	8:36
2:02:00	9:08
2:10:00	9:45
2:17:00	10:17
2:24:00	10:49

訓練計畫要素

1.5 英里間歇跑配速表

強化跑

1.5 英里間歇跑

4 趟 1.5 英里，800 公尺恢復跑

所有訓練皆應包含暖身與收操（各 1～3 英里）

半馬目標時間	1.5 英里配速
1:02:30	6:54
1:04:45	7:09
1:01:07	7:25
1:09:30	7:42
1:12:00	8:00
1:14:00	8:13
1:17:00	8:33
1:19:00	8:48
1:21:30	9:01
1:24:00	9:21
1:26:00	9:36
1:29:00	9:55
1:31:00	10:09
1:33:30	10:27
1:36:00	10:43
1:38:00	10:58
1:41:00	11:18
1:43:00	11:31
1:45:00	11:46
1:48:00	12:06
1:50:00	12:19
1:53:00	12:40
1:55:00	12:54
2:02:00	13:42
2:10:00	14:37
2:17:00	15:25
2:24:00	16:13

2 英里間歇跑配速表

強化跑

2 英里間歇跑

3 趟 2 英里，800 公尺恢復
跑

所有訓練皆應包含暖身與收操（各
1～3 英里）

半馬目標時間	2 英里配速
1:02:30	9:12
1:04:45	9:32
1:01:07	9:54
1:09:30	10:16
1:12:00	10:40
1:14:00	10:58
1:17:00	11:24
1:19:00	11:44
1:21:30	12:02
1:24:00	12:28
1:26:00	12:48
1:29:00	13:14
1:31:00	13:32
1:33:30	13:56
1:36:00	14:18
1:38:00	14:38
1:41:00	15:04
1:43:00	15:22
1:45:00	15:42
1:48:00	16:08
1:50:00	16:26
1:53:00	16:54
1:55:00	17:12
2:02:00	18:16
2:10:00	19:30
2:17:00	20:34
2:24:00	21:38

訓練計畫要素

3 英里間歇跑配速表

強化跑

3 英里間歇跑

2 趟 3 英里，800 公尺恢復
跑

所有訓練皆應包含暖身與收操（各
1～3 英里）

半馬目標時間	3 英里配速
1:02:30	13:48
1:04:45	14:18
1:01:07	14:51
1:09:30	15:24
1:12:00	16:00
1:14:00	16:27
1:17:00	17:06
1:19:00	17:36
1:21:30	18:03
1:24:00	18:42
1:26:00	19:12
1:29:00	19:51
1:31:00	20:18
1:33:30	20:54
1:36:00	21:27
1:38:00	21:57
1:41:00	22:36
1:43:00	23:03
1:45:00	23:33
1:48:00	24:12
1:50:00	24:39
1:53:00	25:21
1:55:00	25:48
2:02:00	27:24
2:10:00	29:55
2:17:00	30:51
2:24:00	32:27

節奏跑訓練

節奏跑向來是所有優良耐力訓練計畫的根本，因此多數有經驗的跑者可能都體驗過。節奏跑有多種定義方式，但在《漢森半程馬拉松訓練法》中，節奏跑被定義為比賽配速跑。在訓練過程中，你的節奏跑會橫跨數月，要求你在各種挑戰與情況下維持比賽配速。

熟悉配速是跑者最難學會的訓練要素之一。如果你一開始覺得狀態良好，每英里比計畫配速還快 30 秒，你可能到達一半就覺得成功無望想放棄。從來就沒有重大的半馬紀錄是透過前段加速（positive split，即跑者的後半段跑得比前半段還慢）所創下。實際上，無論比賽距離，幾乎每一項世界紀錄都是採用後段加速（negative split）或相同分段成績（even split）的策略。好消息是，半馬的節奏跑訓練相當快，相對於全馬中比較慢的節奏跑，更不容易出錯。不過切記，如果你想要在半馬有成功表現，最好在整場比賽都維持穩定配速，不要恣意變換速度。節奏跑教你一項重要技能：控制。就算你覺得配速很輕鬆，節奏跑能訓練你穩住並維持配速。此外，節奏跑是個很好的機會，讓你能一邊補充各種飲料、能量膠和其他營養品。因為節奏跑要求你以目標半馬配速跑步，你能更理解你身體的能耐。跑步裝備也一樣。把節奏跑當作半馬演練，嘗試多種跑鞋和服裝，找出跑半馬最舒適的服裝。無論訓練如何，這些細節會是比賽成敗的關鍵；節奏跑是你調整比賽日計畫的絕佳機會。

節奏跑帶來的生理變化

一如輕鬆跑和長跑有助於提升耐力，節奏跑也是如此。節奏跑尤其可改善針對比賽的耐力。雖然節奏跑比輕鬆跑還快，仍遠低於

訓練計畫要素

無氧閾值，可以產生許多相同的適應。距離比較長的節奏跑也有點像長跑，因為有氧代謝系統運作方式類似。尤其以生理觀點來看，在維持你的比賽目標配速下，節奏跑對你的跑步經濟性有很多正面影響。其中一個最明顯的好處就是長跑耐力獲得提升。跟長跑一樣，節奏跑高度強調燃燒脂肪的能力。節奏跑的速度快到有氧系統必須保持高度脂肪燃燒，卻又慢到可以讓粒線體和肌纖維剛好跟上。

節奏跑訓練的好處包括：

· 協助你熟悉半馬目標配速
· 教你控制並維持配速
· 測試營養品和水分補給與體驗裝備
· 提升目標配速下的跑步經濟性
· 耐力增加

經過一段時間，節奏跑會告訴你是否選擇了適合的半馬目標配速。我們一直認為，節奏跑訓練帶來的訊息多過其他一切訓練。因為節奏跑是連續的訓練，中間沒有休息；如果你老是找不到長距離節奏跑的適當配速，那麼能否在整場比賽中維持該配速將成問題。

這些訓練帶來最大的獲益就是，透過反覆訓練，更了解自己的比賽目標配速。一段時間後，你的身體會找到辦法熟悉以目標配速跑步的感受，最後將這個配速變成第二天賦。跑者不知道自己是否

接近目標配速時，往往會跑在配速範圍之外（通常會跑太快），他們的失敗也在所難免。了解你的配速與當下的感受將導致比賽結果好壞的雲泥之別。

節奏跑準則

在《漢森半程馬拉松訓練法》中，節奏跑的配速為比賽目標配速。對其他教練而言，他們設定的節奏跑距離比較短，而且配速更接近強化跑，不過依照我們的訓練目的，節奏跑和半馬配速可以互通。你應該以目標配速跑步，即使一開始覺得很輕鬆也必須維持。在你完全熟悉配速並且能夠依感受調整跑步之前，必須經歷大量節奏跑訓練。整體訓練中變化的是訓練的距離。節奏跑會依進程加長距離，並且隔幾週就調整一次；新手跑者從 3 英里開始，進階跑者 5 英里，一路到最後幾週訓練變成 7 英里。隨著進階跑者開始邁向最重跑量，節奏跑、暖身和收操的總量可能達到 12 ～ 14 英里，時間長度也會接近 90 分鐘。

節奏跑後接著長跑，會使 12 英里的跑步感覺起來比原本更艱難。記得累加疲勞的準則嗎？這就是漢森訓練法應用累加疲勞的絕佳範例，在這個時候，原本頗為輕鬆的長跑便可模擬半馬後半段時的感受。我們不讓你神清氣爽去跑長跑，而是試著模擬半馬最後幾英里的情況，這時節奏跑最能使你的雙腿感受到些微疲憊。

新手跑者的節奏跑進程

週數	距離
5	輕鬆跑量
3	3 英里
3	5 英里
3	6 英里
3	7 英里

進階跑者的節奏跑進程

週數	距離
2	輕鬆跑量
3	3 英里
3	4 英里
3	5 英里
3	6 英里
3	7 英里

節奏跑配速表

節奏跑

5～10 英里

所有訓練皆應包含暖身與收操（各
1～3 英里）

半馬目標時間	1 英里配速
2:24:00	10:59
2:17:00	10:27
2:10:00	9:55
2:02:00	9:18
1:55:00	8:46
1:53:00	8:37
1:50:00	8:23
1:48:00	8:14
1:45:00	8:01
1:43:00	7:51
1:41:00	7:42
1:38:00	7:29
1:36:00	7:19
1:33:30	7:08
1:31:00	6:56
1:29:00	6:47
1:26:00	6:34
1:24:00	6:24
1:21:30	6:13
1:19:00	6:02
1:17:00	5:52
1:14:00	5:39
1:12:00	5:30
1:09:30	5:18
1:07:00	5:07
1:04:45	4:56
1:02:30	4:46

訓練計畫要素

如何為訓練設定配速

　　進行訓練計畫中多種跑步項目時，為了協助你進一步了解合適的強度，請見圖 3.3。斜線是跑者攝氧量的樣本，左側第一條線是輕鬆跑日，而且一切訓練都低於有氧閾值；這是訓練比例最多而且速度最慢的區域。第二條線是長跑，代表跑者長跑時的最快配速，但這也可能代表新手跑者輕鬆日的最快速度。第三條線是理想的節奏跑配速，也是半馬目標配速；這條線介於有氧閾值和無氧閾值之間。第四條強化跑線是乳酸堆積的最高點，而且強化跑應該剛好低於無氧閾值。最後則是速度跑線，這表示速度跑訓練應該剛好低於最大攝氧量。

圖 3.3　配速與強度對照圖

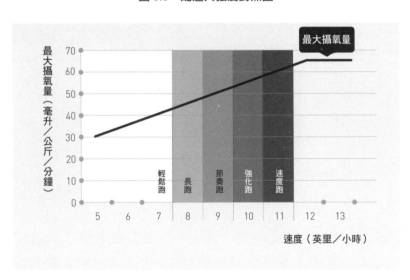

最大攝氧量和跑步速度提高時，可依此圖查找到不同閾值與跑步分區。

1. 輕鬆跑區
2. 中度配速區
3. 全馬配速區
4. 節奏跑配速區（半馬配速）
5. 強化跑配速區（10 ～ 15 公里配速）
6. 速度跑配速區（5 ～ 10 公里配速）

了解這張連續圖表，就能更清楚明白為何你的跑步超過規定配速時會妨礙進步。你跑太快不僅會錯失訓練提供的益處，疲勞度也會增升。重點是，配速有其存在的特定原因。有些跑者覺得被配速箝制住，但實際上恰當配速可驅使你跑到最後。努力避免陷入「多多益善」的心理，莫忘每一種訓練都有其特定目的。

減量訓練

雖然這聽起來極度違反直覺而且浪費時間，不過相信我，適時逐漸降低跑量和強度也是半馬訓練的一部分核心。當你接近最後階段的訓練時，目標是從你進行的一切訓練中恢復，但同時又維持過去幾個月的進度。此時減少訓練量，稱作減量訓練（tapering），亦是比賽成功的一項關鍵。

許多跑者在減量訓練時會犯的錯是停下所有訓練，包括長跑、

專項訓練、強度訓練和輕鬆跑日。一如我們教你不要太快加入這些元素，我們也建議不要驟然降低這些項目。跑者太快砍掉太多訓練，會經常覺得無精打采，甚至比訓練巔峰期間感到更疲憊。逐步往回降低訓練量，你會更有元氣並能為迎接比賽做好準備。

　　素質練習需要大約 10 天才能見到生理進展。沒錯，你需要超過一週的時間才能從高強度跑步中獲得任何效益。同樣重要的是，高強度訓練的立即效果就是疲憊。因此如果你想在素質練習後加入其他訓練，那不過是挖洞給自己跳；但是如果你持續得夠久，訓練的好處會出現然後又不見蹤影。如果你看漢森訓練法的訓練計畫，會注意到最後一次素質練習早在半馬前 10 天就已完成，因為一旦過了這個臨界點，素質練習只會讓你在重要比賽當天變得疲憊。我們也將最後 7 天課表的整體訓練量，減少約 50 ～ 55%（這要看你採納哪一種訓練行程）。儘管如此，你每週跑步天數還是一樣，只是每日跑量會減少。舉個類似的例子，想想看，如果你習慣白天喝好幾杯咖啡，突然要戒掉咖啡會怎麼樣，你的身體可能出現頭痛的症狀。但如果你先少喝一杯咖啡，就能夠抑制不喝咖啡的效果，通常感覺會比較好。同樣道理，減少訓練壓力，但同時維持身體良好狀態與先前設定的例行訓練。逐步減少幾英里的跑量，但依舊維持相同訓練天數，這樣你就能降低受到影響的變因；這時你的訓練頻率不變，你只需要調整訓練量與訓練強度這兩項就好。許多訓練計畫的問題出在砍掉太多訓練行程，而且規畫太長的減量訓練，導致跑者流失歷經辛苦訓練才獲得的益處。設定 10 天溫和的減量訓練期，你可以降低喪失訓練好處的風險，但又能有足夠時間休息與恢復。

　　以生理學觀點來看，減量訓練頗能搭配累加疲勞的原則，因為

漢森訓練課表直到訓練最後 10 天才允許你完全恢復。歷經過去數月的課表訓練，還未完全恢復體力，你體內一些有益的荷爾蒙、酶和功能會受到抑制，同時逐漸累積疲勞的副作用。在減量訓練時降低訓練強度和總量，這些正面功能會再次茁壯。與此同時，也能完全分解疲勞副產品，身體會處於準備迎接最佳表現的狀態。我們一直對跑者耳提面命，不要低估減量訓練的力量。如果你擔心自己能否以節奏跑配速跑完半馬，想想這件事：減量訓練可以刺激高達 3% 的進步程度。以 2 小時或 1 小時 58 分跑完半馬可不一樣；以我現階段來看，我的最佳半馬成績能進步 2 分鐘的話，就會令人相當驚喜。

訓練強度表

為了解你的專項訓練要跑多快，請依照表 3.5 中的多種半馬時間目標來找到每英里配速。以輕鬆跑來說，參照輕鬆跑有氧訓練 A 與有氧訓練 B 來確定配速。比較快的長跑可見中等強度有氧訓練。全馬那一行適用於有全馬經驗但打算回歸半馬的跑者。這張表主要目的是作為相互比較之用。半馬配速就是節奏跑應該跑的速度。進行強度訓練時可參照強化跑的那一行，10 公里和 5 公里則用於速度跑配速。請記住，5 公里和 10 公里比賽的配速時間會比此表更精確。如果你曾參加這些距離的比賽，可以把你的完賽時間當成速度訓練的指南。此處我們的目標是要提供你多種訓練的建議，使你在訓練期間能專注培養生理適應。

訓練計畫要素

表 3.5 多種訓練強度的配速表

全馬目標	半馬目標	恢復跑	有氧訓練 A ／輕鬆跑	有氧訓練 B ／輕鬆跑
5:00:00	2:24:00	14:22	13:32	12:41
4:45:00	2:17:00	13:43	12:55	12:05
4:30:00	2:10:00	13:02	12:16	11:28
4:15:00	2:02:00	12:22	11:38	10:52
4:00:00	1:55:00	11:42	11:00	10:15
3:55:00	1:53:00	11:28	10:40	10:00
3:50:00	1:50:00	11:15	10:34	9:51
3:45:00	1:48:00	11:01	10:21	9:39
3:40:00	1:45:00	10:48	10:08	9:27
3:35:00	1:43:00	10:34	9:55	9:14
3:30:00	1:41:00	10:19	9:41	9:02
3:25:00	1:38:00	10:06	9:28	8:49
3:20:00	1:36:00	9:53	9:16	8:38
3:15:00	1:33:30	9:38	9:02	8:25
3:10:00	1:31:00	9:25	8:49	8:13
3:05:00	1:29:00	9:11	8:36	8:01
3:00:00	1:26:00	8:57	8:23	7:48
2:55:00	1:24:00	8:43	8:10	7:36
2:50:00	1:21:30	8:28	7:56	7:23
2:45:00	1:19:00	8:15	7:43	7:11
2:40:00	1:17:00	8:00	7:30	6:58
2:35:00	1:14:00	7:46	7:17	6:46
2:30:00	1:12:00	7:32	7:03	6:34
2:25:00	1:09:30	7:18	6:50	6:21
2:20:00	1:07:00	7:03	6:36	6:08
2:15:00	1:04:45	6:49	6:23	5:56
2:10:00	1:02:30	6:35	6:09	5:43

中等強度有氧訓練／長跑	全馬配速／節奏跑	強化跑	10 公里速度跑	5 公里速度跑
12:16	11:27	11:17	10:30	10:04
11:41	10:52	10:42	9:58	9:34
11:05	10:18	10:08	9:27	9:04
10:29	9:44	9:34	8:55	8:33
9:53	9:09	8:59	8:24	8:03
9:38	8:58	8:48	8:13	7:53
9:29	8:46	8:36	8:03	7:43
9:18	8:35	8:25	7:52	7:33
9:06	8:23	8:13	7:42	7:23
8:53	8:12	8:02	7:31	7:13
8:42	8:01	7:51	7:21	7:03
8:29	7:49	7:39	7:10	6:53
8:18	7:38	7:28	7:00	6:43
8:05	7:26	7:16	6:49	6:33
7:54	7:15	7:05	6:39	6:23
7:42	7:03	6:53	6:28	6:12
7:29	6:52	6:42	6:18	6:02
7:17	6:40	6:30	6:07	5:52
7:05	6:29	6:19	5:57	5:42
6:53	6:18	6:08	5:46	5:32
6:41	6:06	5:56	5:36	5:22
6:29	5:55	5:45	5:25	5:12
6:17	5:43	5:33	5:15	5:02
6:05	5:32	5:22	5:04	4:52
5:52	5:20	5:10	4:54	4:42
5:40	5:09	4:59	4:43	4:32
5:28	4:57	4:47	4:33	4:22

訓練計畫要素

第四章

漢森訓練計畫

我談到半馬時，想到的不是全馬的一半距離或者需要全馬一半的努力才能完成。我反而覺得半馬有自己的強烈風格，需要受到尊重與專心訓練。以某種方式來說，半馬就像跑步世界的大熔爐，或者像是橫跨 10 公里和全馬橫溝的橋梁。對於有過全馬經驗的跑者來說，這條路帶你重溫你可能已經忘卻的速度訓練，還可能帶來挑戰。對於那些尚未涉足全馬但有意嘗試的跑者而言，半馬可以成為你的著力點，使遙遠的全馬目標看起來更容易達成。

凱文和凱斯開始為長跑比賽創造漢森訓練法時，他們心繫的是一般跑者，希望提供有別於現有課表的選擇。從那時起，已有數千名跑者採用我們的課表並大獲成功，這也證明凱文和凱斯教學準則

與課表本身的成果。

在本章中，你不只能了解新手跑者課表和進階跑者課表，還能認識只求完賽課表。看這些課表的介紹，找出最適合你個人經驗與能力程度的課表。跑量、訓練史、目標和比較經驗全都是決定最適合課表程度的關鍵因素。無論你選擇哪一種課表，只要認真照表操課，就能達到預期的半馬目標。

半馬課表	跑者類別
只求完賽	只想完成比賽，沒有特定時間目標
新手	剛接觸半馬，參加過比較短距離的比賽，跑步訓練量少
進階	有經驗的半馬跑者、競爭型跑者、跑步訓練量高

選擇新手和進階課表需注意：如果你從沒跑過任何長跑比賽，或甚至未持續受過訓練，例如連續 3 週每週至少跑 10～15 英里，那麼你應該先評估自身穩定性再開始這兩項訓練。我們不建議跳過 5 公里和 10 公里這些距離比較短的比賽，我們建議新手先接受一段時間的短距離跑訓練，並累積基本訓練量，之後再開始新手跑者和進階跑者的半馬課表。儘管新手課表一開始就安排一些基本跑量，但如果你原本就有一些基本訓練，你的訓練只會如虎添翼。我們這裡的教學能助你達到目標，但別誤會：這些課表並不輕鬆。若無視累積跑量，你可能讓自己受傷或過度訓練。這邊的唯一例外是只求完賽課表，本章稍後會再談到更多細節。

　　　　　　　　　　　　　　　漢森訓練計畫

新手課表

　　新手課表每週要求跑者從 10 英里開始跑，並漸增至訓練巔峰週 40 英里。雖然我們稱為新手課表，但這並非為完全零基礎的跑步新手所設計。此課表適合剛接觸半馬但已有一些跑步經驗和已受過訓練的對象，例如每週跑 30 英里的跑者，而且他們參加過多次 5 公里和 10 公里比賽但沒參加過半馬。我們也推薦此課表給有經驗的跑者，他們先前參加過 13.1 英里比賽，但當時僅接觸極少訓練課表。這並不罕見，部分跑者曾跑過半馬比賽，但採用只求完賽的課表訓練，盡可能接受最小幅度的訓練。對他們來說，新手課表（表 4.1）可能比他們先前受過的訓練更進階，而這也適合他們邁向下一階段訓練。

　　最後，如果你沒跑過比較高的跑量，此課表可能很適合你。

　　新手課表的前 4 週旨在累積你的每週跑量，重點是你的跑步時間與距離。安全累積跑量的最佳辦法就是降低強度（不採用素質練習），並適度分配跑量到多天的訓練中。在訓練前 4 週，身體會逐漸適應例行訓練的壓力，並為下一階段訓練做好準備。每週已有一定跑量的跑者實施新手課表後，會更接近訓練第 3 週和第 4 週的狀態，這時只要繼續你的固定訓練，等訓練進度追上你。

　　經過 4 週基礎訓練之後，我們開始提高強度。你會注意到新加入兩項訓練：速度跑與節奏跑。速度跑訓練採用 5 公里或 10 公里比賽配速（具體訓練內容詳見第三章）。速度跑訓練包含 12 趟 400 公尺、8 趟 600 公尺、6 趟 800 公尺和更進一步的訓練。我們安排不同類型的訓練，除了能讓訓練更有趣，也能使你達到預期的生理適應。雖然速度跑總共只有 3 英里，但是在速度跑中間加入恢復跑，以及

訓練前後的暖身和收操，當天總跑量會超過 3 英里。選擇新手課表的人應分別暖身和收操 1 ～ 2 英里（等於訓練會增加 2 ～ 4 英里）。這是本課表最重要的訓練環節，因為暖身和收操有助增進表現，並加速訓練後的恢復。

有些人質疑為什麼以速度為主的訓練內容會先出現。速度跑除了可產生重要的生理適應，也是新手跑者建立基礎的絕佳機會。如果你不清楚半馬應該設定什麼配速，你經過幾次速度跑訓練之後很快就會知道。對於從沒跑過 5 公里比賽（或者最近沒跑 5 公里比賽）的跑者來說，我們會鼓勵你先報名距離比半馬更短的 5 公里或 10 公里比賽。理想的情況是，先稍微調整你的訓練計畫，讓你在第 8 週課表計畫，也就是速度跑訓練第 3 週時參賽（見表 5.1）；這樣做有助你為接下來幾週的半馬特定訓練決定適合的目標。

速度訓練也是強化跑訓練的絕佳彩排，速度跑容許你犯錯，並趁還沒展開關鍵的半馬特定訓練之前了解配速與恢復。最後，速度跑有助於跑者培養極度堅強的心志。對於習慣每天穿鞋外出稍微跑 30 ～ 60 分鐘的人來說，速度跑訓練對身心都是種新挑戰。速度跑訓練強迫你用更高強度跑更久，將你從舒適圈拉進一個新領域。切記，唯一改善體能的辦法就是逐漸從基礎拉高訓練強度；你每次稍微跨出舒適圈，身體就回應這個新刺激。隨著你能承受不適的時間拉長，回報也會加倍：你的速度提升並發現真實潛能，而且逐漸適應更高強度的訓練。此外，你不用接受超過最大攝氧量的訓練和冒著受傷風險，也能培養出更高的無氧閾值與有氧代謝能力。

我們將速度跑加入訓練計畫之際，節奏跑也跟著上場。節奏跑有助於自我調整與配速，而且必須以目標半馬配速完成。就跟速度

跑訓練前後一樣，節奏跑前後也應該分別完成 1 ～ 2 英里的暖身和收操。這樣到最後就算可能只跑 5 英里的節奏跑，但總跑量可能逼近 7 ～ 9 英里。隨著節奏跑距離增加，這些訓練總量大約落在 8 ～ 11 英里之間，其中 6 ～ 7 英里維持目標半馬配速。你跑完第一輪節奏跑後，可能會對訓練的輕鬆程度感到很訝異，因為距離非常短。不過一旦距離拉長，你可能會覺得越來越難保持半馬配速。只是要提醒你，節奏跑是絕佳的模擬練習，能使你為比賽日做好準備！

　　一旦你開始熟練速度跑和節奏跑，就能接觸更多半馬專項訓練。這時的課表，速度跑會逐漸由強化跑取代，而且節奏跑時間會拉長，同時長跑跑量達到顛峰，每週訓練量也是。我們不會美化這個階段，訓練很辛苦而且你會很累。你會發現強化跑訓練的結構跟速度跑訓練頗為相似，兩者的主要差別在於訓練量和配速。速度跑訓練總量大約 3 英里，搭配 5 ～ 10 公里比賽的配速；強化跑訓練跑量 6 英里，配速比目標半馬配速每英里快 10 秒。例如：如果你的目標半馬配速為每英里 10 分鐘，你的強化跑訓練配速則會是每英里 9 分 50 秒。速度跑和強化跑訓練的具體內容可見第三章。

　　一如我們所言，最後一部分素質練習的目的就是要很辛苦，讓你全身有種被榨乾的感覺；也就是說，你一直遵循累加疲勞的準則，所以你的身體已習慣讓疲累的雙腿繼續面對新挑戰。當然，這個階段你要避免過度訓練。如果你前面的訓練太累，身體就沒有任何燃料迎接強化跑訓練。透過素質練習提高每週訓練強度，可為你帶來進步，這也是為什麼遵守我們建議的配速很重要。在高跑量訓練週跑太快，肯定會使你受傷或者筋疲力盡。

　　你會注意到長跑不斷出現在課表中，雖然訓練越後段長跑會更

長。課表中的長跑引發最多疑問，尤其是長跑的進程和頻率。經過幾週短距離的輕鬆跑，我們開始在週日安排 10 英里的長跑，每週增加的長跑距離不會比隔週多出 2 英里。跑量的增幅與每週跑量維持一定比例，這表示在整個課表中，長跑會約占 25% 的週跑量。節奏跑逐漸增加，長跑也會加長。例如：一週有 10 ～ 12 英里的長跑，也會有 5 ～ 6 英里的節奏跑，但加上暖身和收操之後，當天總跑量會接近 10 英里。我們安排一週長跑，下一週再安排例行訓練，這是為了配合加長距離的節奏跑。若未如此調整，你最後會有超過一個月的時間是每 8 天就跑 3 次長跑，這會使訓練失衡並增加受傷風險。每兩週進行一次比較高跑量的長跑，你的身體能學會處理更高的跑量，同時每週至少還有 1 次長跑。

接下來是半馬訓練最輕鬆的課表：減量訓練。身體歷經這一切辛苦訓練後會感到疲憊。也許你偶爾會好奇自己甚至能否完成訓練，最後這一部分訓練的目的是讓身體從先前 16 週的訓練恢復，並且維持進步後的體能。我們不希望你訓練的多數時間感到新鮮有活力，反而希望你在比賽前 10 天能神清氣爽。這時你可以稍微休息，但還可保持身體至今產生的所有正面適應。

表 4.1　漢森半程馬拉松訓練法：新手課表

週	週一	週二	週三	週四
1			休息	輕鬆跑 3 英里
2	休息	輕鬆跑 2 英里	休息	輕鬆跑 3 英里
3	休息	輕鬆跑 4 英里	休息	輕鬆跑 4 英里
4	休息	輕鬆跑 5 英里	休息	輕鬆跑 3 英里
5	休息	輕鬆跑 5 英里	休息	節奏跑 3 英里
6	輕鬆跑 4 英里	速度跑 12 趟 400 公尺	休息	節奏跑 3 英里
7	輕鬆跑 4 英里	速度跑 8 趟 600 公尺	休息	節奏跑 3 英里
8	輕鬆跑 6 英里	速度跑 6 趟 800 公尺	休息	節奏跑 4 英里
9	輕鬆跑 5 英里	速度跑 5 趟 1,000 公尺	休息	節奏跑 4 英里
10	輕鬆跑 6 英里	速度跑 4 趟 1,200 公尺	休息	節奏跑 4 英里

週五	週六	週日	週跑量
休息	輕鬆跑 3 英里	輕鬆跑 4 英里	10 英里
輕鬆跑 3 英里	輕鬆跑 3 英里	輕鬆跑 4 英里	15 英里
輕鬆跑 4 英里	輕鬆跑 4 英里	輕鬆跑 5 英里	21 英里
輕鬆跑 3 英里	輕鬆跑 5 英里	輕鬆跑 6 英里	22 英里
輕鬆跑 5 英里	輕鬆跑 4 英里	輕鬆跑 8 英里	28 英里
輕鬆跑 4 英里	輕鬆跑 5 英里	輕鬆跑 9 英里	37 英里
輕鬆跑 4 英里	輕鬆跑 6 英里	長跑 10 英里	37 英里
輕鬆跑 5 英里	輕鬆跑 6 英里	長跑 10 英里	40 英里
輕鬆跑 6 英里	輕鬆跑 5 英里	長跑 10 英里	40 英里
輕鬆跑 5 英里	輕鬆跑 5 英里	長跑 12 英里	42 英里

漢森訓練計畫

週	週一	週二	週三		週四
11	輕鬆跑 5 英里	6 趟 1 英里	休息		5 英里
12	輕鬆跑 5 英里	4 趟 1.5 英里	休息		5 英里
13	輕鬆跑 6 英里	3 趟 2 英里	休息		5 英里
14	輕鬆跑 5 英里	強化跑 2 趟 3 英里	休息	節奏跑	6 英里
15	輕鬆跑 7 英里	3 趟 2 英里	休息		6 英里
16	輕鬆跑 5 英里	4 趟 1.5 英里	休息		6 英里
17	輕鬆跑 5 英里	6 趟 1 英里	休息		5 英里
18	輕鬆跑 5 英里	輕鬆跑 5 英里	休息		輕鬆跑 6 英里

速度跑、強化跑和節奏跑訓練應涵蓋 1.5～3 英里的暖身與收操。週跑量包含 1.5 英里的暖身與收操。

■ 速度跑：詳見 79～86 頁的配速表

■ 強化跑：詳見 91～94 頁的配速表

■ 節奏跑：詳見 99 頁的配速表

週五	週六	週日	週跑量
輕鬆跑 6 英里	輕鬆跑 5 英里	長跑 10 英里	44.5 英里
輕鬆跑 5 英里	輕鬆跑 6 英里	長跑 12 英里	47 英里
輕鬆跑 6 英里	輕鬆跑 5 英里	長跑 10 英里	45 英里
輕鬆跑 5 英里	輕鬆跑 6 英里	長跑 12 英里	47 英里
輕鬆跑 6 英里	輕鬆跑 5 英里	長跑 10 英里	47 英里
輕鬆跑 5 英里	輕鬆跑 6 英里	長跑 12 英里	48 英里
輕鬆跑 6 英里	輕鬆跑 5 英里	輕鬆跑 8 英里	40 英里
輕鬆跑 5 英里	輕鬆跑 3 英里	比賽！	37.1 英里（含比賽）

漢森訓練計畫

進階課表

　　進階課表最適合先前至少跑過一次半馬的跑者。不過，如果你是高跑量跑者，有多次短距離比賽的經驗但還對 13.1 英里比賽感到陌生，那麼你可能還是進階課表的適用對象。

　　考慮到自身經驗很重要。如果你之前的訓練跟許多訓練課表的建議一樣，每週跑量低但有大量長跑，那麼你的進階課表可能需要稍做調整；這會在本章末再行討論。跟新手課表談的一樣，有些習慣低跑量的跑者可能不太適應進階課表，因為後者安排更緊湊而且跑量更高。換句話說，跑者若從未完成半馬但習慣每週跑 50 英里，選擇進階課表時可能會大幅進步。

　　進階課表（表 4.3）在許多方面都跟新手課表不同，其中最明顯的差異就是週跑量。從第一週開始，進階課表便安排更長的跑量，而且會一直循序漸進增加。我們教初學者訓練巔峰週要跑到約 45 英里，進階跑者則要跑到超過 55 英里。值得注意的是，增加的跑量並非來自素質練習，而是週間輕鬆跑的距離增加。記得輕鬆跑可以提高粒線體生長與發展、肌纖維生長並加強消耗脂肪，進而大幅刺激並提高有氧代謝。獲得這些益處時，無須經歷高強度跑步的壓力。

　　新手和進階跑者的長跑計畫上也存在明顯差異。進階課表中，跑者單天最長跑步距離為 14 英里，而新手跑者則是 12 英里。這兩種課表的架構和進程也截然不同；例如新手課表的 10 英里跑步被歸為長跑，但在進階課表中卻不過是輕鬆跑。表 4.2 清楚說明 10 英里跑步對新手跑者的重要性更勝進階跑者。

表 4.2　新手與進階跑者 10 英里跑步比較

項目	跑者 A：新手跑者	跑者 B：進階跑者
輕鬆跑配速	每英里 9 分鐘	每英里 7 分 30 秒
10 英里跑步持續時間	1 小時 30 分	1 小時 15 分
週跑量占比	25%	18 ～ 20%

　　你也會發現進階課表更早出現素質練習。在新手課表中，跑者會先全靠輕鬆跑累積跑量；進階課表則先進行整週的速度跑訓練，接著才是節奏跑。進階課表很快就出現速度跑，因為半馬跑者也經常同時接受其他比賽訓練，理想的情況是這些比賽距離比較短（例如先跑 5 公里，再跑 10 公里，然後是你的目標半馬距離）。提早展開速度跑訓練，這些跑者參加其他比賽時體能程度更穩健，也更能掌握自己處於哪一個階段的訓練。他們將速度跑轉換成強化跑時，他們也已準備迎接必要的跑步專項訓練，以達到目標半馬配速。

　　要展開速度跑訓練，可遵照第三章的計畫進度。先從 12 趟 400公尺的訓練開始，接著是 8 趟 600 公尺、6 趟 800 公尺、5 趟 1,000 公尺、4 趟 1,200 公尺，最後是 3 趟 1,600 公尺。當你達到這個程度後，你還剩下 4 週的速度跑訓練。此時你逐漸遞減訓練量，再回到 4 趟 1,200公尺、5 趟 1,000 公尺和 6 趟 800 公尺，最後一週則是 12 趟 400 公尺的速度跑。

　　進階課表除了提早展開速度跑訓練，節奏跑訓練的安排也有些許差異。新手課表的節奏跑從 3 英里增加到 6 英里，進階版本則再增加 1 英里達到 7 英里。

漢森訓練計畫

表 4.3　漢森半程馬拉松訓練法：進階課表

週	週一	週二	週三	週四	
1	休息	休息	休息	輕鬆跑 4 英里	
2	輕鬆跑 4 英里	12 趟 400 公尺	休息		3 英里
3	輕鬆跑 4 英里	8 趟 600 公尺	休息		3 英里
4	輕鬆跑 4 英里	6 趟 800 公尺	休息		3 英里
5	輕鬆跑 4 英里	5 趟 1,000 公尺	休息		4 英里
6	輕鬆跑 5 英里	4 趟 1,200 公尺	休息	速度跑	4 英里
7	輕鬆跑 5 英里	3 趟 1,600 公尺	休息	節奏跑	4 英里
8	輕鬆跑 6 英里	5 趟 1,000 公尺	休息		5 英里
9	輕鬆跑 5 英里	6 趟 800 公尺	休息		5 英里
10	輕鬆跑 7 英里	12 趟 400 公尺	休息		5 英里

週五	週六	週日	週跑量
輕鬆跑 3 英里	輕鬆跑 4 英里	輕鬆跑 6 英里	17 英里
輕鬆跑 4 英里	輕鬆跑 4 英里	輕鬆跑 6 英里	33 英里
輕鬆跑 5 英里	輕鬆跑 5 英里	輕鬆跑 7 英里	35 英里
輕鬆跑 4 英里	輕鬆跑 6 英里	輕鬆跑 8 英里	35 英里
輕鬆跑 5 英里	輕鬆跑 6 英里	輕鬆跑 10 英里	40 英里
輕鬆跑 6 英里	輕鬆跑 6 英里	長跑 12 英里	43 英里
輕鬆跑 6 英里	輕鬆跑 5 英里	輕鬆跑 10 英里	41 英里
輕鬆跑 6 英里	輕鬆跑 6 英里	長跑 12 英里	46 英里
輕鬆跑 6 英里	輕鬆跑 5 英里	輕鬆跑 10 英里	42 英里
輕鬆跑 5 英里	輕鬆跑 6 英里	長跑 12 英里	47 英里

漢森訓練計畫

週	週一	週二	週三	週四
11	輕鬆跑 5 英里	6 趟 1 英里	休息	6 英里
12	輕鬆跑 5 英里	4 趟 1.5 英里	休息	6 英里
13	輕鬆跑 7 英里	3 趟 2 英里	休息	6 英里
14	輕鬆跑 5 英里	強化跑 2 趟 3 英里	休息	節奏跑 7 英里
15	輕鬆跑 7 英里	3 趟 2 英里	休息	7 英里
16	輕鬆跑 5 英里	4 趟 1.5 英里	休息	7 英里
17	輕鬆跑 7 英里	6 趟 1 英里	休息	5 英里
18	輕鬆跑 5 英里	輕鬆跑 5 英里	休息	輕鬆跑 6 英里

速度跑、強化跑和節奏跑訓練應涵蓋 1.5 ～ 3 英里的暖身與收操。週跑量包含 1.5 英里的暖身與收操。

速度跑：詳見 79 ～ 86 頁的配速表

強化跑：詳見 91 ～ 94 頁的配速表

節奏跑：詳見 99 頁的配速表

漢森半程馬拉松訓練法

週五	週六	週日	週跑量
輕鬆跑 6 英里	輕鬆跑 5 英里	輕鬆跑 10 英里	46 英里
輕鬆跑 5 英里	輕鬆跑 6 英里	長跑 14 英里	50 英里
輕鬆跑 6 英里	輕鬆跑 5 英里	輕鬆跑 10 英里	47 英里
輕鬆跑 5 英里	輕鬆跑 6 英里	長跑 14 英里	50 英里
輕鬆跑 6 英里	輕鬆跑 5 英里	輕鬆跑 10 英里	48 英里
輕鬆跑 5 英里	輕鬆跑 6 英里	長跑 14 英里	51 英里
輕鬆跑 6 英里	輕鬆跑 5 英里	輕鬆跑 8 英里	45 英里
輕鬆跑 5 英里	輕鬆跑 3 英里	比賽！	37.1 英里（含比賽）

漢森訓練計畫

只求完賽課表

　　只求完賽課表之所以會誕生，是因為我們希望提供一個完整的課表給徹頭徹尾的跑步新手，讓他們有扎實的課表可依循，這樣就能在他們的目標比賽感到充分自信。如果這是你的第一場半馬，這份自信格外重要。

　　凱文、凱斯和我這些年來與各式各樣的跑者合作過，我們指導最大宗也最熱情的團體就是慈善跑者。他們有崇高的跑步目的，例如我曾和美國癌症協會（American Cancer Society）的耐力賽活動決心（DetermiNation）跑團合作，使我想要將此課表納入本書。這些跑者通常不是為了自己而跑，而是為了朋友、配偶或家人而跑。他們有比個人更遠大的參賽原因，令我感到尊敬。雖然這個團體是只求完賽課表的靈感，不過對於任何單純想跑完半馬而且無意與他人競爭的跑者而言，這份課表也是一項好選擇。

　　這份課表有一個簡單的前提：完成跑量最簡單的方式就是除去跑步的強度。當你加入強度，會大幅提高受傷風險。因此，這份課表的重心就是提高跑者整體耐力，直到可以安全自信跑完 13.1 英里的程度。換句話說，你必須打地基才能把剩下的房子蓋好。選擇本課表的跑者需要好好澈底打造整體耐力基礎，然後再來思考牆壁、屋頂和可愛的大游泳池。

　　所以你看只求完賽課表的話，週二和週四不會有素質練習。第 8 週才開始長跑；無論經驗深淺，接受半馬訓練的人是無法避開長跑這一塊訓練拼圖的。長跑對於培養整體耐力很重要，尤其現在的重心是要學習以輕鬆配速完賽。

對於規畫內容也別想太多。這份課表旨在自由規畫並學習經驗。所以要照表操課的話，一部分要靠感覺。如果某天你覺得狀態不錯，繼續跑然後跑用力一點。如果你的狀態不太好，就跑慢一點但要確保你能完成距離。如果你跑太快，那就放慢速度，走路緩和一下，只要繼續前進就好！長跑應該要又慢又舒適。理想狀態是你能跑完規定距離而且不停下腳步。此課表真正的最終目的是給你一塊基石，如果你想要的話，讓你繼續迎接更刺激或更具競爭力的比賽，又或者如果這是你唯一一場半馬的話，至少能助你擁有正面又豐富的訓練體驗。你應該要能夠完成本課表的規畫，並依個人配速強勢完賽。此後，我們希望你以此為起點，在漫漫未來開始跑步或完成多場比賽。

表 4.4　漢森半程馬拉松訓練法：只求完賽課表

週	週一	週二	週三	週四
1			休息	輕鬆跑 2 英里
2	休息	輕鬆跑 2 英里	休息	輕鬆跑 2 英里
3	休息	輕鬆跑 3 英里	休息	輕鬆跑 3 英里
4	休息	輕鬆跑 3 英里	休息	輕鬆跑 3 英里
5	休息	輕鬆跑 3 英里	休息	輕鬆跑 4 英里
6	輕鬆跑 2 英里	輕鬆跑 3 英里	休息	輕鬆跑 4 英里
7	輕鬆跑 3 英里	輕鬆跑 3 英里	休息	輕鬆跑 4 英里
8	輕鬆跑 3 英里	輕鬆跑 4 英里	休息	輕鬆跑 4 英里
9	輕鬆跑 3 英里	輕鬆跑 5 英里	休息	輕鬆跑 5 英里
10	輕鬆跑 3 英里	輕鬆跑 5 英里	休息	輕鬆跑 5 英里

週五	週六	週日	週跑量
休息	輕鬆跑 2 英里	輕鬆跑 3 英里	7 英里
休息	輕鬆跑 2 英里	輕鬆跑 3 英里	9 英里
休息	輕鬆跑 3 英里	輕鬆跑 4 英里	13 英里
輕鬆跑 2 英里	輕鬆跑 3 英里	輕鬆跑 5 英里	16 英里
輕鬆跑 2 英里	輕鬆跑 3 英里	輕鬆跑 6 英里	18 英里
輕鬆跑 2 英里	輕鬆跑 3 英里	輕鬆跑 6 英里	20 英里
輕鬆跑 3 英里	輕鬆跑 3 英里	輕鬆跑 7 英里	23 英里
輕鬆跑 3 英里	輕鬆跑 3 英里	長跑 8 英里	25 英里
輕鬆跑 3 英里	輕鬆跑 4 英里	輕鬆跑 6 英里	26 英里
輕鬆跑 3 英里	輕鬆跑 4 英里	長跑 8 英里	28 英里

漢森訓練計畫

週	週一	週二	週三	週四
11	輕鬆跑 4 英里	輕鬆跑 5 英里	休息	輕鬆跑 5 英里
12	輕鬆跑 3 英里	輕鬆跑 5 英里	休息	輕鬆跑 5 英里
13	輕鬆跑 4 英里	輕鬆跑 5 英里	休息	輕鬆跑 5 英里
14	輕鬆跑 3 英里	輕鬆跑 5 英里	休息	輕鬆跑 5 英里
15	輕鬆跑 4 英里	輕鬆跑 5 英里	休息	輕鬆跑 5 英里
16	輕鬆跑 4 英里	輕鬆跑 5 英里	休息	輕鬆跑 5 英里
17	輕鬆跑 4 英里	輕鬆跑 4 英里	休息	輕鬆跑 4 英里
18	輕鬆跑 3 英里	輕鬆跑 4 英里	休息	輕鬆跑 3 英里

週五	週六	週日	週跑量
輕鬆跑 4 英里	輕鬆跑 4 英里	輕鬆跑 6 英里	28 英里
輕鬆跑 4 英里	輕鬆跑 5 英里	長跑 10 英里	32 英里
輕鬆跑 3 英里	輕鬆跑 6 英里	輕鬆跑 8 英里	31 英里
輕鬆跑 4 英里	輕鬆跑 5 英里	長跑 10 英里	32 英里
輕鬆跑 3 英里	輕鬆跑 6 英里	輕鬆跑 8 英里	31 英里
輕鬆跑 4 英里	輕鬆跑 5 英里	長跑 10 英里	32 英里
輕鬆跑 3 英里	輕鬆跑 3 英里	輕鬆跑 6 英里	24 英里
輕鬆跑 3 英里	輕鬆跑 3 英里	**比賽！**	29.1 英里（含比賽）

漢森訓練計畫

訓練課表問與答

在我們的訓練諮詢診間，許多有關準備的相同問題年復一年出現。事實上，要接受新挑戰時，我們都有類似的恐懼和憂慮。身為教練，多年下來我們學會如何最妥善回答你的問題，而且送走跑者時，他們會因為這一切訓練使體能更好而感到更自信。無論你選擇只求完賽課表、新手課表或進階課表，都請思考以下最常見的問題。

我該如何調換訓練日？

我們都了解頻繁跑步的重要性比不上工作與家庭責任。雖然我們希望你能在這幾個月拉抬半馬訓練的重要程度，但若期待你將跑步當成首要之務就不夠實際了。你可能已經注意到，素質練習安排在週二、週四和週日。如果你沒辦法在安排的日子完成訓練，調整訓練日來配合你的行程也沒問題。不過如果你打算這麼做，務必確保合理調換訓練日。例如：速度跑訓練安排在週二，如果你知道自己週二總是因為開會、孩子或其他責任而煩惱怎麼調整訓練，那麼就把所有速度跑訓練改到週一。一旦你決定改日子，你也應該回頭調整其他訓練，改在週六長跑而不是週日，以此類推。這樣能維持訓練行程的一致性，你只是將訓練日往前推一天，避免改變任何訓練。這麼做目的是盡可能避免接連做素質練習，因為課表目標是累加疲勞，而不是達到無法挽回的境界。如果你發現自己遇到相同情況，可前後挪移你的素質練習日，並在素質練習之間穿插輕鬆跑或者休息一天。

我該如何增加週跑量？

許多跑者認為，如果他們希望調高週跑量，拉長長跑距離會是最直接的做法；但是我們得警告你，不該修改長跑距離。如果你想提高跑量，可將輕鬆日跑量增加到 10 英里以上，或者只要在休息日輕鬆跑即可。更多內容請看第五章。

我如何在訓練期間參加比賽？

半馬訓練課表進行期間參加其他比賽，比全馬訓練時參賽更有可行性。我們建議初學者和剛接觸馬拉松的跑者至少參加一次比賽，先參加 5 公里或 10 公里的比賽以找到素質練習的基準。對於那些已知道基準但單純喜歡參賽的跑者而言，我們鼓勵你去參賽，唯一提醒就是別讓其他比賽耽誤你的訓練。我有些學員想要每週或每隔幾週就去參賽，然後他們好奇為什麼半馬比賽會失敗。最可能的原因就是不停比賽可能使你錯過許多訓練，而這些訓練旨在整體改變身體適應，並使你在比賽當天達到目標。所以比賽的間隔時間應該足以滿足你的個人期望，但又不會使你缺席整體訓練。若要改變一週訓練，可將安排在週末的輕鬆跑取代週間的節奏跑。如果比賽日在週六，那就在週日輕鬆跑，然後在週一選擇一般的訓練計畫。如果比賽在週日，就改在週一輕鬆跑，評估你在週二時的狀態，再考慮要不要拾回原訂的訓練。如果你狀態不錯，就照原定計畫訓練；如果狀態不佳，改以比較長的輕鬆跑取代週二的素質練習，然後週四再照計畫節奏跑。你可能會考慮照原定計畫在週四速度跑或強化跑，而不是選擇節奏跑（因為比賽就算是節奏跑），之後週五再回到原課表的計畫。你可以看到，如果你太頻繁參加比賽，整體訓練循環

可能會變得更複雜。詳細內容請見第五章。

暖身與收操該跑多少距離？

照慣例我們推薦在高強度訓練前後，進行 1 ～ 2 英里的暖身與收操。對多數新手跑者而言，這可能需要 15 ～ 20 分鐘。有些進階跑者想找到輕鬆方式增加週跑量，他們若將暖身與收操拉長到 1.5 ～ 3 英里，獲得的益處也可望提升。

我累了，能否休息一天？

在這種情況下，你應該先確認自己是否受傷或只是疲憊。訓練期間，我們都會經歷痠痛。實際上，許多跑者增加跑量後就是覺得狀態不佳，不過感到些許筋疲力盡是訓練中正常而且必要的環節。如果你覺得自己很累，先確定你的輕鬆跑日真的很輕鬆，而且你的素質練習配速不會因此放慢。不過如果你受傷的話，要先跟教練或醫生討論要採取哪一種行動分針。

我沒時間做完全部訓練怎麼辦？

隨著節奏跑拉長並展開強度訓練，這也逐漸成為問題；此時訓練需要你投入更多時間。如果你那天就是沒有足夠的時間，那就盡力而為。記得，有跑步總比沒跑步好。如果規畫要求 10 英里的節奏跑，但你只有時間跑 6 英里，那就跑 6 英里。你跑 6 英里的節奏跑所獲得的益處，絕對大於完全不跑步。

我想調整專項訓練日怎麼辦？

　　我最常遇到的要求是將節奏跑改到週五，或者將速度跑／強化跑挪到週一，又或者將休息日改到其他天。進行這些調整完全沒問題。訓練計畫將休息日安排在週三，因為週三向來是全馬課表的諮詢診間日。諮詢診間安排在週三傍晚，這表示多數跑者必須在跑步或接受諮詢之間做出抉擇。為了避免這種衝突，課表安排週三休息不跑步。不過如果這種規畫不適合你，你可以自由調整訓練日。唯一規定就是在素質練習日之間穿插至少一天休息日或輕鬆跑日。常見的調整是在週五節奏跑，然後另外一天恢復，之後週二再速度跑／強化跑。這樣的調整很簡單，因為你只需要交換週四和週五的跑步，無須調整任何其他訓練。

第五章

調整訓練計畫

　　撰寫第一本書《漢森馬拉松訓練法》時，我還沒結婚也沒有小孩，可以把所有時間拿來專心寫作。幾年後的現在，我身兼多職，我要指導學員、跑步、寫作，還需要一段時間好好陪伴妻子與幼女，有時根本一片混亂。我對多數人遇到的情況並不陌生，所以我絕對能了解，花時間受訓，還要兼顧生活中所有事情，實在是充滿困難。這時有一套優良的支援系統能幫上忙，而且好的課表與教練也理當充滿彈性，並且理解訓練期間生活還是要照過，有時候必須挪動或調整跑步。好的課表能容許這些調整，使個人訓練受到整體最小的「損害」。為了使《漢森半程馬拉松訓練法》更適合你，我們來討論一些常見問題以及你該如何因應。

調整週跑量

　　我們的課表適合多種時間目標與不同能力的跑者；不過我們還是收到部分要求，希望多了解如何增加週跑量。一如先前所討論，跑者希望用越快的速度完成半馬，（在達到某個臨界值前）就必須投入越多的訓練。增加的訓練量往往來自週跑量的增加。如果你是第一次跑半馬而且遵照只求完賽課表訓練，那麼也許你最好還是遵循首次參加 13.1 英里訓練的推薦跑量。另一方面，如果你從沒參加過半馬但跑過比較短的比賽，那麼新手課表會有適合你的跑量。該課表能為你增加重要的週跑量，而且不會一次加太多。就算你在短距離比賽中頗為成功，高跑量卻是完全不同的挑戰。因此如果你還沒跑過很高的週跑量，參加半馬前先嘗試新手課表，之後再慢慢增加週跑量，或者第二次跑半馬時可依你身體狀況挑戰進階課表。

　　如果你有豐富的半馬經驗而且遵循進階課表，若要再增加跑量就會更複雜。雖然直覺可能覺得要拉長長跑距離，但我們首先建議在你的休息日增加跑量。如果你想要調高週跑量，我們建議在週三休息日增加 4 至 8 英里的輕鬆跑，然後你看！你的週跑量瞬間就增加約 10%。對許多跑者來說，在兩個素質練習日之間安插輕鬆跑日而非休息日，實際上也許更能刺激身體恢復並維持跑步習慣。

　　另一個增加跑量的辦法就是修改進階課表的輕鬆日，多數訓練安排 4 ～ 6 英里的跑步。有經驗的半馬跑者調高為 6 ～ 8 英里也相當合理。將一週的每趟輕鬆跑增加 2 英里，每週就額外累積 8 英里，使每週跑量達到 60 英里。我們成功將這個方法套在許多有競爭力的

調整訓練計畫

男女跑者身上，他們都能在 1 小時 30 分鐘或以內的時間跑完半馬。

　　進階跑者課表要增加跑量的最後一個辦法就是提高長跑距離。不過我們不建議為了增加跑量，一次將長跑增加變成 18 ～ 20 英里。以半馬距離而言，調整必須配合整體生理適應的規定，這表示長跑需維持 25 ～ 30% 的週跑量而且不能超過 3 小時。你最長的長跑距離已經超過比賽距離，所以無須擔心比賽當天能否完賽。儘管如此，如果你已經採納先前討論的方法增加週跑量，我們的課表還留下很多空間可以調整或將長跑距離最大化。

　　少數有企圖心的跑者已經慢慢增加跑量，但還希望穩定達到每週 70 ～ 80 英里的距離，我們一樣會建議這些跑者增加輕鬆日的跑量，讓每一次輕鬆跑至少達到 10 英里。如果每週 7 天都跑步，其中有 4 天輕鬆日，那麼每週跑量就達到 40 英里，或者是你目標 40 ～ 50% 的跑量。這種情況下，強化跑總量為 11 英里，我們通常建議在訓練前後加上 3 英里的暖身與收操。加上暖身與收操後，節奏跑就會達到 13 英里的巔峰跑量，我們建議可將週六跑步加到 6 ～ 10 英里。這樣一來，當你加上 18 ～ 20 英里的長跑，你當週已經跑了 95 ～ 100 英里。但是，除非你希望半馬跑進 1 小時 15 分，不然這些更動可能不夠實際。

　　跑者也經常問我們一天能否跑兩次。以長跑而言，我們建議依個人而定。對大多數人而言，一天要找時間出來一次跑步已經很難了。如果你希望每週跑量增加至 10 英里，只要在週三加入輕鬆跑就好，通常這會比較簡單。接下來你只剩下幾英里要考慮，這時將當週每趟跑步加上 1 英里，這樣簡單多了。對於每週跑 70 ～ 80 英里的跑者來說，8 ～ 10 英里的跑步需要 60 ～ 80 分鐘的時間（例如以

每小時 8 英里的配速跑 10 英里）。跑者如果有這樣的總跑量而且希望以 1 小時 5 分至 1 小時 20 分的時間跑完半馬，10 英里跑步並非很大的跑量。就算在這種情況下，一天跑第二回依舊不合理。照此情況，在素質練習中加進 8 ～ 10 英里的輕鬆跑，已能讓你達到每週 70 ～ 80 英里的跑量。不過，如果有人一天跑超過 10 英里，那麼就該考慮一天分兩次跑步。這種情況下，你每天跑量大約是 14 ～ 15 英里或更多。相較於單趟 10 英里的跑步，聽起來似乎不多，但是到了這種程度，在第二趟 4 ～ 5 英里的跑步能引發真正的生理適應。

我們在附錄 A 中討論漢森－布魯克斯長跑計畫的菁英訓練計畫。你能從這邊了解週跑量變高後可以如何拆解分配。為了達到夢寐以求的 100 英里指標，你可以將輕鬆跑從 10 英里增加到 12 英里，每週就會多跑 6 英里；或者你可以每週挑幾天進行第二次 4 英里的跑步。所有增加的跑量都不會干擾主要的素質練習跑量或強度，顯示出輕鬆跑量帶來的巨大好處能夠刺激輕鬆跑本身。

為比賽而調整

跑者需要改變訓練課表最常見的原因之一就是要配合參賽。雖然我們經常建議在半馬訓練期間參加其他比賽需謹慎，不過在某些情況下，這類競爭有其優勢。尤其是我們先前討論過新手跑者參加 5 或 10 公里比賽，能夠為半馬的專項訓練建立基準線。為了使比賽彰顯用處，你必須有策略地安排時間。這有一些原因，首次參賽的絕佳機會就是在第 7 週任何課表結束之後。前 4 週旨在增加基本跑量，讓你可以準備好應付更高強度的跑步；接下來就是速度跑訓練，同

調整訓練計畫

時也提高跑量。由於需要大概 3 週的時間來適應新訓練的壓力，所以在第 7 週安排比賽頗為合理。以只求完賽課表來說，參加比賽讓你有機會了解你的體能程度，並決定你是否要設下比賽目標。

　　至於要在半馬訓練哪個階段規畫比賽，我建議在速度跑訓練期間參加 5 公里比賽，然後在強化跑訓練時參加 10 公里比賽。這樣一來，(1) 你能在整個訓練週期累積比賽距離，而且 (2) 參加比賽也不會讓你錯過其他訓練。在初期訓練週參加 5 公里比賽，大概就是你週四的節奏跑距離；在訓練後半段參加 10 公里比賽大概就是後期節奏跑的距離。因此，你可以參加比賽而且不會錯過素質練習日。

　　下方訓練表格（表 5.1）更詳細說明，你可以如何調整訓練以充分配合比賽。你會注意在比賽當週，週四節奏跑被週六的輕鬆跑取代，而週五的跑步則維持不變；然後週六就是比賽日，而這就是節奏跑。這就是策略性取代訓練，因為比賽和節奏跑都能刺激無氧閾

表 5.1　新手課表：第 7 週與第 8 週

週	週一	週二		週三	週四	
7	輕鬆跑 4 英里	速度跑	比賽（5 或 10 公里）	輕鬆跑 8 英里		輕鬆跑 3 英里
8	輕鬆跑 6 英里		6 趟 800 公尺，400 公尺恢復跑	休息	節奏跑	5 英里

* 示範在新手跑者課表的速度跑訓練中加進一場比賽。

值。因此週日跑步則換成更長距離的輕鬆跑。過了這一週後，行程表就會再接回原本的課表。

　　這個例子和先前第四章談過的內容說明不要太常比賽的原因，無論你選擇的是只求完賽課表、新手課表或者是進階課表。比賽需要大幅調整節奏跑、長跑，有時兩者都要一起調整。雖然初期訓練影響不大，但是你越接近半馬比賽，就會變成越大的問題。每一位跑者都必須衡量謹慎參賽或經常參賽的利弊。如果你不是太在意半馬的完賽時間，那麼你在半馬比賽前的參賽次數就不那麼重要。反過來講，如果半馬是你的最終目標，而且你追求完賽時間，那麼你要謹慎挑選其他比賽，密切注意這些賽事在你訓練課表的時間。

週五	週六	週日	週跑量
休息	輕鬆跑 3 英里	輕鬆跑 4 英里	32～35 英里
輕鬆跑 5 英里	輕鬆跑 6 英里	輕鬆跑 8 英里	39 英里

調整訓練計畫

為行程衝突而調整

在照表操課之前，許多跑者的跑步方法相當隨興，會依心情、天氣等因素決定訓練的跑量與強度。雖然任何運動顯然都對你的身體有幫助，但是訓練需要更多重心與策略。這裡要談的是遵照制定訓練課表的最大挑戰之一：安排時間衝突。舉例來說，你孩子的樂樂棒球賽在週四，當天你應該要進行節奏跑訓練；或者你可能每週日都必須工作，而當天規畫是長跑日。身為教練，我們發現每個馬拉松週期，我們都要向跑者講解這些問題讓他們安心。以下三項準則供你面對生活中的責任，我們提供你一些法寶來兼顧生活中的責任，而且不會脫離訓練。

準則一：維持訓練紀律

如果你決定調整訓練，盡可能保持一致性。例如：如果你將某一週的週四訓練改到週五，之後每週就試圖維持相同模式。其中關鍵在於避免頻繁每週跟不同天交換訓練。如果你將某週的強化跑訓練改到週五，然後在隔週二進行下一次強化跑訓練，這樣你在五天內就做了兩次強化跑。這不僅會打亂訓練平衡，還可能造成受傷和過度訓練。如果你知道有事情會固定與一週特定某一天訓練相衝突，確保未來幾週或幾個月會有同樣的異動。如果你週日要工作一整天，接下來的訓練週期就將長跑改到週六。規律性是訓練的關鍵，越能維持一致性會越好。

準則二：確保休息與輕鬆跑到位

簡單來說，你在素質練習應該要有輕鬆日或休息日。如果你錯過週二的速度訓練，改在週三補回來，然後再接上週四的節奏跑，那麼你等於在自找受傷。在這種情況下，最好的辦法是將節奏跑移到週五，然後週六輕鬆跑、週日長跑。這表示你可以為了一些個人事務和臨時情況調整訓練，但又不會打亂整個訓練平衡。

準則三：有練總比沒練好

想想前面提到週二錯過素質練習的例子。如果那週沒有其他日子可以重新安排訓練，跑者該怎麼辦？一個辦法就是繼續原定訓練，沒錯，減少損失然後繼續下一次的素質練習。在某些情況中，也許無轉圜餘地。但是如果你沒時間進行完整訓練，另一個選擇就是考慮快速跑一下或者縮減訓練，盡可能抽出時間訓練。就算 25 分鐘的跑步也比完全放棄訓練來得強。

為傷病而調整

疾病和受傷絕對是你可能需要調整訓練最令人挫折的原因。在籌備 13.1 英里比賽的幾週或幾個月間，你可能會遇上身體不舒服的時候。另一方面，聰明訓練可以避開大部分受傷的機會，但卻無法完全避免受傷。就算你按部就班完成一切訓練，還是可能在路邊跌倒、摔跤或在不平路面上拐到腳踝。以下是你可以如何面對可能延誤跑步的情況，可依你錯過的天數和錯過哪幾天訓練來調整。

錯過 1 ～ 2 天的訓練

也許你扭傷膝蓋或臥病在床幾天，如果你一兩天後完好復原，就可恢復正常訓練，無需降低跑量或強度。你只是錯過幾天的跑步，無傷大雅。例如，如果你在週日長跑的最後踏錯步伐受傷，使你錯過週一和週二的訓練，只要在週三回歸訓練就好。如果你狀態超棒，先在週三完成週二原本的素質練習，接著將週四的節奏跑改到週五。這樣你還是可以配合當週的素質練習，並且遵守在素質練習之間安排輕鬆跑和休息日的原則。不過如果你沒辦法重新安排你的素質練習並符合那些規範，那就繼續在週四進行節奏跑，然後忘掉錯過的素質練習。雖然錯過多次訓練可能讓你的馬拉松目標失敗，但是錯過一次素質練習不會成為你的致命傷。

錯過 3 ～ 6 天的訓練

就算這段時間完全沒跑步，生理退化程度也很小。通常錯過這麼多天訓練的人大概比得了一場 24 小時的流感還嚴重一點，或單純感到身體痠痛。也就是說，如果你在復原期間，覺得身體還算健康，可以跑幾趟短距離的輕鬆跑，那就盡力去做吧。如果你真的覺得無力起床，休息幾天還是能確保你的終極目標不會受到影響。錯過 3 ～ 4 天的訓練後，先跑 2 ～ 3 天的輕鬆跑慢慢恢復狀態，之後再照平常一樣接回訓練行程。如果你錯過 5 ～ 6 天，跑 3 ～ 4 天的輕鬆跑，然後繼續先前當週的訓練；過了那週之後，再繼續接下來的訓練課表。例如：如果你錯過第 3 週訓練，那麼你第 4 週回歸時先輕鬆跑，並在第 5 週進行原本第 3 週的訓練，然後再接回第 6 週並照原本規畫繼續訓練。

錯過 7 ～ 10 天的訓練

　　這時身體開始失去一些你辛苦訓練獲得的生理益處。你可能聽過「你失去的速度是得到的兩倍快」這句話。比起失去身體益處，獲得強健體能似乎總需要更多時間與努力。休息一週半沒跑步絕對需要嚴正修改訓練表；但是，要修改計畫得依據你從哪裡開始錯過計畫。如果是強化跑訓練之前的課表，跑者不需要大幅調整比賽目標。如果是開始強化跑訓練後才開始錯過訓練，跑者可能需要調整比賽目標，因為可能沒有足夠時間來追上所有的一般訓練。記住，如果這段時間你還能應付一些短距離的輕鬆跑，而且醫生也允許的話，重返例行訓練的時間將大幅縮短。如果不可能跑步，努力進行交叉訓練以避免體能下滑。這邊的目的是希望你能維持一定水準的體能，這樣就可以更快更輕鬆地回來健康跑步。永遠記住在這種時刻，你評估並治療自身狀況之前，要先諮詢熟悉跑者的醫生。另一種情況是，你不需要放棄跑半馬的計畫，但有必要做出調整。

　　一旦你回來跑步，你錯過幾天訓練就應該先跑幾天輕鬆跑。如果你錯過一週，那就輕鬆跑一週。此後回到你上次有能力完成的週訓練並重新來過，之後再接回你原本錯過的那週訓練，並從此接軌訓練行程表。因此錯過一週訓練，需要 3 週才能補回來。如果你休息期間能輕鬆跑，就能減少一週的回歸時間。這項建議適用於訓練課表全期，但只要開始強化跑訓練，你可以算算看，然後發現：「哇！我的時間不夠了。」不幸的是，確實會發生這樣的事情。雖然很多人可以迅速恢復狀態參加比賽，但他們必須向新的目標時間妥協。一旦你進入訓練的最後 4 ～ 6 週，應該衡量比賽的利弊。如果你真的希望跑到一樣的目標時間，然後你錯過 10 天跑步而且只剩下 5 週，

調整訓練計畫

那麼你應該選擇考慮其他比賽的選項。如果你能接受可能達不到目標，那麼就繼續吧。

錯過 10 天以上的訓練

　　不幸的是，如果你被迫錯過這麼長時間，你得慎重做抉擇。錯過 2 週訓練後，生理益處的減幅高達 3 ～ 5%。雖然這聽起來不多，但想想：對於試圖 2 小時跑完半馬的跑者而言，生理益處下降 4% 表示完賽總時間會增加近 5 分鐘。比賽目標時間越長，就會增加越多完賽時間。更糟的是，休息 21 天沒跑步之後，會減少 10% 以上的體能。這表示最大攝氧量和血液量都會減少高達 10%，無氧閾值大幅下降，肌肉中的肝醣則會減少高達 30%，這些對於耐力表現都很重要。如果你錯過 2 週訓練，甚至可能要 2 週以上的時間才能回到先前的水準，這會使你偏離原本的計畫。尤其是如果這在強化跑訓練期間發生，可能沒有足夠時間讓你的體能水準回歸並為比賽做好準備。如果你遵循只求完賽課表，雖然沒有強化跑訓練，但此時還是面臨最艱鉅的訓練，所以依舊適用以下準則。

　　雖然你無法發揮最佳實力，但這種情況下進階跑者也許能繼續比較短的訓練計畫，而且仍然可以完賽，不過可能落後原本的目標時間。但是新手跑者和首次參加半馬的跑者少掉大量訓練時間後還要堅持比賽目標的話，就應該多加注意。在這種情況下的跑者可考慮選擇新的比賽，或者至少修改目標時間。在我們擔任教練的這些年來，我們見過太多跑者生病或受傷後急著回歸訓練，以趕上比賽截止日，他們經常忘記要適當恢復，最後有了糟糕的比賽經驗。如果你打算跑原本預定的比賽，務必退一步並了解缺席跑步訓練對體

能造成的影響。如果你錯過 2 週，將你的目標調整 3 ～ 5%。如果你錯過近 3 週的時間，則需調整 7 ～ 10% 的預期表現。舉例來說，如果 A 跑者錯過 2 週訓練，而且目標是 2 小時完成半馬，應該將目標時間增加 3.6 分鐘（120 分鐘 ×0.03）到 6 分鐘（120 分鐘 ×0.05）；這樣新的目標時間就會是 2 小時 3 分至 2 小時 6 分。暫停跑步超過 4 週的話，我們會建議乾脆選擇新的比賽。

避免訓練中斷

雖然我們提出多種修改訓練行程的方法，我們還是主張最好盡可能避免臨時跳過幾天的訓練。就算你的雙腿疲憊痠痛也適用這項建議，因為痠痛和受傷並無必然關係。訓練時你的腿有時會感到痛楚、疲憊和無法具體說明的痠痛；疼痛就是伴隨訓練而來。訓練時許多適應出現的時機，往往是你不想跑步但還是繼續跑步時才出現。

但是你受傷的話，該有不同因應方法。對於比較不嚴重的傷，你不僅要休息，還要利用時間找出問題的根本原因。否則你回去訓練後，可能還是會繼續出現一樣的問題。例如，如果你脛骨疼痛，就要了解如何舒緩疼痛，像是買新鞋或進行強化跑例行訓練。如果你的身體狀況許可，可以降低跑量和強度，但在康復期間繼續進行短距離的輕鬆跑。雖然可能需要減少訓練，但如果找到受傷主因並進行治療的話，未必需要為了復原而完全停止訓練。你可以維持部分體能，也能大幅減少休息時間，而且也能更快恢復例行訓練。

調整訓練計畫

PART III——THE STRATEGY

第三部　策略

第六章
選擇比賽目標

　　本書到了這個章節，你已經學會不同的訓練課表，並選好最合適你個人經驗與目標的課表。恭喜！戰鬥已經展開一半了！不過一旦你決定要遵循哪一個訓練課表，也是時候來設定個人目標了。跑者的目標不一，但設下符合半馬訓練要求的目標很重要。有些跑者單純希望完賽，有些人希望完成「願望清單」，而有些人則是為了慈善募款而跑。另一端的跑者則希望激發身體最大潛能，跑越快越好，或者能站上頒獎台贏得名次。這項運動的美在於所有跑者都從同一條起跑線開始，無論是那些承諾自己減掉一些體重的人，或者是追求世界紀錄的跑者。他們共通的因素是他們全都設下比賽目標，而這個目標會影響他們的訓練內容。

我們可以借用業界的 SMART 法則來訂定目標：目標必須具體（specific）、可量化（measurable）、可達成（attainable）、實際（realistic）而且有期限（timely）。具體目標是指定義清楚的目標，所以別說你希望跑完半馬，而是要列出確切目標時間。（如果你遵循只求完賽課表，就不需要明確的目標時間，但如果你知道目標時間，你會跑得很開心，目標時間使你的跑步更具目的性。）設定可測量的目標，例如 1 小時 45 分，此時你會有一個確切目標。你也要確保你可以達成自己的目標。雖然對於先前半馬跑 2 小時的人來說，有機會達到 1 小時 45 分，但對於個人紀錄（personal record, PR）2 小時 45 分的跑者可能就希望渺茫。同理，設定實際目標時要考慮你的體能與訓練安排限制。如果你一週只能訓練 4 天，你的半馬成績不太可能達到 1 小時 40 分。最後一點，有明確日期的目標必須將時間設定在特定時間軸內。這點很簡單，因為從訓練計畫開始到你參加比賽聽到起步槍聲那刻，中間自然有一段時間。依 SMART 標準訂定目標，參賽時有更高機會達到預期目標。

在完美情況下，我們會鼓勵首次參加 13.1 英里的跑者在考慮半馬前，先設定比較小的目標。當跑者從 5 公里和 10 公里的比賽慢慢進階到半馬，他們也會累積有氧能力並能忍受漸增的訓練量。此外，短距離比賽提供半馬訓練的可靠基準，可當作合理比賽目標的參考。

如果你無論如何只想跨越終點線，那麼漢森只求完賽課表可能最適合你。這個課表比其他計畫結構更寬鬆，但這不表示你該小看它。你會有固定的週跑量並累積個人整體耐力。對於遵從這個課表的跑者來說，好的目標不僅是跨越終點線，而且還要覺得自己狀態很好。此課表沒有限制目標時間，但我鼓勵你在課表進行期間設定

輕鬆的目標時間。如果你每天訓練跑得太快或太慢，目標時間有助你參考衡量，並跟你的比賽目標相互比較。

另一方面，新手課表和進階課表有更嚴謹的重點和安排。選擇一種課表並設下明確的目標時間，你能更仔細判定該如何訓練以達到這個里程碑。我們不僅訓練你跨過終點線，還提供成功跑完半馬的工具，同時保留你對跑步的熱愛與競爭的渴望。你設定的目標會成為你的訓練起點，在你準備半馬期間引導你訓練並提供明確可努力的方向。

你有很多方法可以決定時間目標。有時跑者希望達到特定比賽的參加門檻時間，達到這個時間就能加入大型半馬並站在期待的出發線區間（corral）內。這是最容易設定的目標，因為大型比賽早已設下參賽標準。對於先前跑過半馬的跑者來說，最常見的目標時間是創下新的個人紀錄。我們也經常聽許多跑者說，他們想要跨越指標性的分界點，例如 3 小時、2 小時和 1 小時 30 分的門檻。儘管我們鼓勵你設下高門檻，但還是要確保你能掌握你的目標而且訓練不懈。你認真思考 SMART 法則設定半馬目標時，也請考慮以下準則。

目標設定準則

現在與過去的訓練狀況

你的目標應該取決於目前訓練基礎。舉例來說，過去半年在養傷的人設下的目標將有別於同期每週持續跑 50 英里跑者的目標。同理，新手跑者的目標跟有經驗的半馬跑者也會截然不同。

目前最佳成績

如果你先前接受相對低的訓量跑量並參加過半馬，就算訓練跑量只有些微增加也能使你個人最佳成績大躍進。但如果你半馬跑 1 小時 30 分，而且每週跑 50 ～ 60 英里，進步幅度就會少很多。思考以下數字：半馬跑 2 小時的人進步 5% 大約是 6 分鐘，可使這名跑者跑進 1 小時 55 分的里程碑。對於半馬跑 1 小時 10 分的跑者來說，同樣的進步量大約是 3 分 30 秒，這能使這個人從地區級競爭跑者變成頂尖的國家級跑者。顯然，依個人配速不同，這 5% 的進步會有不同的意義。

訓練與可行性

你花多少時間訓練對於訓練的質量以及最終結果有顯著影響。選擇目標時，要務實考慮你有多少時間可以接受訓練。時間決定你每天訓練基礎的難度與長度，也決定你可以維持這套訓練多久。舉例來說，跑者每週跑 25 ～ 30 英里，或許可選擇每週 3 天長跑 1 小時，這樣就可以在當地 5 公里和 10 公里比賽中有不錯表現。這方式適用於短距離比賽，但這名跑者依照相同訓練行程表，可能很難有恰當的半馬訓練。要挑戰半馬距離，對於經驗不足而且速度比較慢的跑者，每週推薦跑量為 30 英里；而速度比較快的跑者則為每週 40 至 50 英里。

剩餘訓練時間

距離目標比賽的時間長短也是設定目標的指南。如果你是跑步新手或第一次參加半馬，挑戰 13.1 英里前要規畫比較長的訓練累積

期。有一些基礎跑量很重要，這有助你順利展開訓練。新手課表和只求完賽課表確實有幾週時間可以累積跑量，幫助你打下一些基礎。但是對於頻繁訓練的老手來說，半馬專項訓練的間隔時間可以短一點，因為他們已經建立跑量基礎。我們預設資深跑者已有基礎，因此我們的進階課表中會立刻展開素質練習日。有些跑者喜歡慢慢累積基礎；其他人則選擇短而高強度的訓練內容。

外在因素

設定半馬目標時，記住諸如地形、溫度和比賽規模等外在因素可能影響你比賽當天的表現。如果你習慣在乾燥涼爽的情況下受訓，但你選擇的目標比賽地點可能又溼又熱，這時請調整目標時間。同時查看路線圖介紹；你在平坦跑道上可預期速度會稍微變快，在山丘起伏的路線上速度就會變慢。最後，如果你準備參加大型馬拉松，發現自己卡在最後幾個區間的大量人群後方，你可能要再加上幾分鐘。雖然你的晶片在你跨越起跑線前不會計時，但前方速度慢的跑者可能會影響你的時間。

如何使用比賽時間對照表

跑者想根據目前能力設下具體比賽時間的話，完賽時間對照表（表6.1）是格外方便的工具。你可以拿最近一次比賽時間跟這張表比對，換算成你在其他距離賽的等力表現。你不用直接將你在短距離比賽的配速乘以13.1，你可以用此表預測「等同的表現」。舉個例子，根據這張表，如果5公里可以跑23分鐘，你應該能在半馬跑

1 小時 46 分 19 秒。因為配速會自然隨距離而變慢，這張表顯示你在比較長距離比賽可能達到的同等表現。如果你目前只跑過全馬，用你的全馬時間回推半馬完賽的可能時間。記得別把這張表跟配速表搞混了，配速表顯示的是，在 5 公里、10 公里、半馬和全馬等特定距離中的相同配速。如果你沒有比賽時間，另一個選擇就是在跑道現場檢測進行計時賽（time trial）。要檢測之前，要先像素質練習前一樣先短距離暖身跑，之後以平穩費力的配速盡快跑完 1 英里。在你結束恢復跑之後，可在換算表上找到對應時間，了解合理的半馬目標時間。比賽或計時賽的距離越長，預測的半馬表現就越準確。令人不意外的是，跑 10 公里比 1 英里計時賽的表現更有助於做決定。找到合適目標的最佳方式就是多次嘗試不同的距離，並找出你完賽的時間範圍。我知道有些跑者無法靠短距離比賽進行預測，因為他們可以盡力維持 5 公里最佳配速一路到半馬。每一位跑者都不一樣，所以如果你能多次嘗試不同距離的跑步，就能更準確預測半馬完賽時間。

　　無論目標時間為何，務必在開始強化跑訓練之前做出選擇，因為此時多數半馬專項訓練也已完成。目標時間能為素質練習提供具體的數字。

調整目標

　　雖然比賽換算表有所助益，但有些跑者發現，他們邁入訓練後需要調整目標時間。如果你高估你在比賽當天的能力，一旦你進入長距離的節奏跑和強化跑肯定就會知道。你要勉強以目標配速跑完 6

英里的節奏跑的話，那麼可以安全推測，你在比賽當天無法用這個配速跑完剩下的 7 英里。這麼一來，你最好將目標時間稍微調慢，這樣你可以滿懷信心參賽。

　　另一極端的部分跑者展開素質練習後，希望將目標調高一點。也許你原本以為 2 小時跑完半馬很合理，但是因為訓練順利，所以你現在覺得 1 小時 45 分的目標更合適。這種情況很棘手。雖然我們鼓勵跑者挖掘更大的潛能，但我們不希望這些跑者到頭來卻落得失敗下場。如果你過度熱衷於你的訓練，可能會出現過度訓練和受傷，這表示你甚至可能無法參賽，更遑論抵達終點。如果你原本就滿意訓練一開始訂下的目標時間，為什麼還要冒險進入未知領域的訓練？尤其是比賽日接近時，加重訓練可能使跑者陷入一團糟的情景。永遠記住：訓練稍微不足還比過度訓練更可能跑出更棒的比賽成績。實際上，很多時候跑者健康有活力地抵達出發線，最能夠跑出最佳成績。

表 6.1　完賽時間對照表

1 英里	2 英里	5 公里	10 公里	15 公里	10 英里	半馬
12:59	27:43	45:00	1:33:29	2:24:51	2:36:38	3:28:01
12:16	26:10	42:30	1:28:17	2:16:49	2:27:56	3:16:27
11:32	24:38	40:00	1:23:06	2:08:46	2:19:14	3:04:54
11:24	24:19	39:30	1:22:03	2:07:09	2:17:29	3:02:35
11:15	24:01	39:00	1:21:01	2:05:33	2:15:45	3:00:16
11:06	23:42	38:30	1:19:59	2:03:56	2:14:00	2:57:58
10:58	23:24	38:00	1:18:56	2:02:19	2:12:16	2:55:39
10:49	23:06	37:30	1:17:54	2:00:43	2:10:32	2:53:20
10:40	22:47	37:00	1:16:52	1:59:06	2:08:47	2:51:02
10:32	22:29	36:30	1:15:49	1:57:30	2:07:03	2:48:43
10:23	22:10	36:00	1:14:47	1:55:53	2:05:18	2:46:24
10:14	21:52	35:30	1:13:45	1:54:17	2:03:34	2:44:06
10:06	21:33	35:00	1:12:42	1:52:40	2:01:49	2:41:47
9:57	21:15	34:30	1:11:40	1:51:03	2:00:05	2:39:28
9:48	20:56	34:00	1:10:38	1:49:27	1:58:21	2:37:10
9:40	20:38	33:30	1:09:35	1:47:50	1:56:36	2:34:51
9:31	20:15	33:00	1:08:33	1:46:14	1:54:52	2:32:32
9:22	20:01	32:30	1:07:31	1:44:37	1:53:07	2:30:14
9:14	19:42	32:00	1:06:28	1:43:01	1:51:23	2:27:55
9:05	19:24	31:30	1:05:26	1:41:24	1:49:38	2:25:36
8:56	19:05	31:00	1:04:24	1:39:47	1:47:54	2:23:18

選擇比賽目標

1 英里	2 英里	5 公里	10 公里	15 公里	10 英里	半馬
8:48	18:47	30:30	1:03:21	1:38:11	1:46:10	2:20:59
8:39	18:28	30:00	1:02:19	1:36:34	1:44:25	2:18:40
8:30	18:10	29:30	1:01:17	1:34:58	1:42:41	2:16:22
8:22	17:51	29:00	1:00:15	1:33:21	1:40:56	2:14:03
8:13	17:33	28:30	59:12	1:31:45	1:39:12	2:11:44
8:04	17:14	28:00	58:10	1:30:08	1:37:28	2:09:26
7:56	16:56	27:30	57:08	1:28:31	1:35:43	2:07:07
7:47	16:37	27:00	56:05	1:26:55	1:33:59	2:04:48
7:39	16:19	26:30	55:03	1:25:18	1:32:14	2:02:30
7:30	16:00	26:00	54:01	1:23:42	1:30:30	2:00:11
7:21	15:42	25:30	52:58	1:22:05	1:28:45	1:57:52
7:13	15:24	25:00	51:56	1:20:29	1:27:01	1:55:34
7:04	15:05	24:30	50:54	1:18:52	1:25:17	1:53:15
6:55	14:47	24:00	49:51	1:17:15	1:23:32	1:50:56
6:47	14:28	23:30	48:49	1:15:39	1:21:48	1:48:38
6:38	14:10	23:00	47:47	1:14:02	1:20:03	1:46:19
6:29	13:51	22:30	46:44	1:12:26	1:18:19	1:44:00
6:21	13:33	22:00	45:42	1:10:49	1:16:34	1:41:42
6:12	13:14	21:30	44:40	1:09:13	1:14:50	1:39:23
6:03	12:56	21:00	43:37	1:07:36	1:13:06	1:37:04
5:55	12:37	20:30	42:35	1:05:59	1:11:21	1:34:46

1 英里	2 英里	5 公里	10 公里	15 公里	10 英里	半馬
5:46	12:19	20:00	41:33	1:04:23	1:09:37	1:32:27
5:37	12:00	19:30	40:30	1:02:46	1:07:52	1:30:08
5:29	11:42	19:00	39:28	1:01:10	1:06:08	1:27:50
5:20	11:23	18:30	38:26	59:33	1:04:24	1:25:31
5:11	11:05	18:00	37:24	57:57	1:02:39	1:23:12
5:03	10:46	17:30	36:21	56:20	1:00:55	1:20:54
4:58	10:37	17:15	35:50	55:32	1:00:02	1:19:44
4:54	10:28	17:00	35:19	54:43	59:10	1:18:35
4:50	10:19	16:45	34:48	53:55	58:18	1:17:26
4:45	10:09	16:30	34:17	53:07	57:26	1:16:16
4:41	10:00	16:15	33:45	52:19	56:34	1:15:07
4:37	9:51	16:00	33:14	51:30	55:41	1:13:58
4:32	9:42	15:45	32:43	50:42	54:49	1:12:48
4:28	9:32	15:30	32:12	49:54	53:57	1:11:39
4:24	9:23	15:15	31:41	49:05	53:05	1:10:30
4:19	9:14	15:00	31:10	48:17	52:13	1:09:20
4:15	9:05	14:45	30:38	47:29	51:20	1:08:11
4:11	8:55	14:30	30:07	46:41	50:28	1:07:02
4:06	8:46	14:15	29:36	45:52	49:36	1:05:52
4:02	8:37	14:00	29:05	45:04	48:44	1:04:43
3:58	8:28	13:45	28:34	44:16	47:52	1:03:33
3:53	8:18	13:30	28:03	43:27	46:59	1:02:24

選擇比賽目標

其他類型的目標

除了你的整體目標時間，你在訓練期間可能還想設下其他小目標。例如，許多參加我們半馬課表的跑者從未有過一週 30、40 或 50 英里的跑量；如果你的狀況也是如此，你第一個要加入的目標可能是達到這些跑量。達到週跑量目標可大幅激勵你，尤其是你疲憊不堪並質疑自己為何要一開始訓練之際。你也能訂定有關補充訓練的目標（下一章會細談）。許多跑者在為例行的交叉訓練、柔軟度訓練和阻力訓練（resistance training）設定目標時受到激勵。這些目標可能很籠統，像是「我不會錯過訓練課表的任何跑步日」，或者是「每一次訓練後都要拉筋」。你將最終目標設得越高，這些變因會變得更重要。

就跟你用 SMART 目標策略來設下比賽日目標一樣，這個法則也能用來訂定後續更小的目標。記得這些目標必須具體、可量化、可達成、實際而且有期限。目標可以縮小訓練焦點並使訓練變得有意義。若沒有目標，跑者只能靠自己，可能使訓練亂無章法、每況愈下。慎重考慮你的目標，並從設定小目標開始，這能幫助你達到最終的目標時間。

選擇比賽目標

第七章

輔助訓練

　　到目前為止，你可能已經了解我們喜歡累積跑量，而且希望一週大多日子都有跑步。為了有最佳半馬成績，你必須跑步，這個道理很簡單。但是有些跑者喜歡花跟跑步一樣多的時間進行其他活動，難以理解上述道理。我們能明白。但是記得，這項計畫需要你 18 週專心致志。如果目標很重要，就要費時好好完成。如同先前所提，課表有餘留時間和可依循的準則讓其他活動納入比賽訓練。你可以進行少量的交叉訓練、柔軟度和強度訓練等其他訓練，藉此提升表現並避免受傷。此處的主要概念是這項額外訓練應該用來補充，而非取代跑步。你專注這些活動是為了協助訓練而非阻礙訓練；因此你必須謹慎地選擇加入補充的訓練內容。不過，適量地進行交叉訓

練，並搭配一些柔軟度和強度訓練，能改善那些可能限制你跑步潛力的弱點，並使訓練更多元，進而提升跑步表現。

交叉訓練

雖然交叉訓練獲得許多運動媒體的注意，但漢森訓練法對於納入交叉訓練卻有所限制。原因很簡單：成為好跑者的最直接方式就是跑步。交叉訓練的概念採用的是專項性原則，也就是你的身體會針對施加的特定壓力產生適應。游泳 30 分鐘有利全身體能，但這無法直接轉換為優秀的跑步表現。

儘管交叉訓練並非我們課表的主要內容，但準備比賽時可扮演微小卻重要的角色。加入其他運動最明顯的原因是為了傷後復原。如果你受傷，補充運動可減少負重，讓受傷區域血流量增加以加速組織修復，這樣你就能更快復原。此外，交叉訓練幫助維持心肺健康度，有助你重返跑步。確實，坐在沙發上等待復原不是辦法。

受傷時進行交叉訓練的關鍵在於找到跟跑步盡可能相似的活動，例如使用橢圓機或健身腳踏車。雖然划船機等器材可能是很好的心肺適能訓練，但重心放在上半身，無助於跑步肌肉。應該注意的是，訓練程序也會依特定受傷部位而有不同。假設你的腳受傷，腳踏車只會讓傷勢進一步惡化。要注意這項活動是否會影響受傷區並避免任何會造成疼痛的活動。不過，反重力跑步機可讓壓力性骨折（stress fractures）的人繼續安全跑步。地方運動醫學診所經常可見這些器材；如果你住的區域有這些器材，我建議你去試試。

另一種我們可能推薦交叉訓練的情況是利用課表中不用跑步的

時間。以半馬來說，你的比賽結束後可能會整整休息兩週不跑步，通常我們會這樣建議全馬跑者。但是，適當的恢復取決於個人。一個跳出舒適圈辛苦跑完半馬的人可能需要完整休息 10 天，但資深跑者可能休息 5 天即可。漢森－布魯克斯團隊運動員經過所有訓練課程後可稍作休息。安排恢復期對身體有奇蹟似的效果！短暫休息可讓跑者受傷的肌肉恢復、重整士氣並計畫下一步。交叉訓練可加強恢復狀況，有機會繼續燃燒熱量並維持半馬訓練獲得的部分體能。

經常有人問我們，一個人一年可以或應該跑幾趟半馬。答案一樣，這通常要看個人狀況。例如那些跑步新手剛加入半馬訓練時，可能會有很長一段時間不想再跑第二次。他們可能回去跑短距離比賽並累積全身體能，之後才決定重跑半馬。對於跑量超過他們車子里程數的資深跑者而言，他們一年可能會認真跑 3 ～ 4 次的半馬。半馬距離的好處是你可以一邊參賽，一邊在訓練期間參加 5 公里和 10 公里比賽並有傑出表現。

我們安排交叉訓練的最後一個原因，就是把交叉訓練當成新手跑者逐漸適應半馬的方式。對於從沒跑過半馬或不太跑步的跑者，至少在一開始訓練時，我們無法全盤了解對方可參加幾天練跑而且不受傷。一開始可能一週跑 2 至 3 天，每次只能跑 15 分鐘。這種情況下，很重要的是用橢圓機、腳踏車或甚至快走，來填補其他日子的訓練。隨著運動員整體體能增加，再逐漸用跑步取代交叉訓練日。對於多數完全沒經驗的新手跑者而言，可能需要幾個月時間才能進階到一週跑 5 至 6 天。

我們總是告訴接受訓練課表的跑者，參考他們先前交叉訓練的經驗，在目標比賽結束前都不要加入新運動。訓練時你可能感受到

身體前所未有的健壯，但要克制這股運動的熱情。你在半馬比賽前身體已承受足夠的壓力；加進新活動只會提高受傷風險並分散注意力。跑者通常希望將交叉訓練加到週三，也就是他們的休息日。雖然在其他情況中，腳踏車或皮拉提斯對健康幾乎是有利無害，但是這些活動對跑步效果低而且有潛在傷害，可能只會阻礙跑步復原。如果你總是騎腳踏車上班，而且已經如此通勤多年，那無論如何在合理範圍內還是繼續這項習慣。在這種情況下，你的身體已經適應這項運動。但如果是長距離騎乘，可考慮在素質練習日搭公車通勤。如果你早在訓練前就已是皮拉提斯熱愛者，你應該減少練習但未必要完全避開。只要記住：在目標比賽之前別展開任何新練習。

另一個決定是否要進行交叉訓練的指南則是看你自己的身體狀態。如果你不易從跑步訓練中恢復，千萬別再堆加補充訓練。此外，如果你認為你可能過度訓練，用交叉訓練取代跑步也無法解決問題。如果面臨這種情況，休息一天可能還比較有用，這樣你能在隔天重返跑步訓練時感到神清氣爽。我們偶爾會遇到有跑者自稱無法應付更高跑量，因此需要交叉訓練。在指派橢圓機運動以取代跑步訓練前，我會先仔細審查他們的跑步配速、跑鞋、參加比賽和任何可能干擾他們跑步的事物，最後多半是訓練出了問題。根據我們的經驗，如果訓練內容跟漢森計畫一樣會限制你的跑步速度，那麼自然會累積跑量。換句話說，許多人誤將課表中的跑量與短距離比賽的總跑量混為一談，這會限制他們適應更高的跑量。有時一個人似乎無論怎麼做都無法適應跑量，如果你自己也是如此，退一步衡量你半馬目標的利弊。話說如此，這些年來我們遇過更多跑者，他們未選擇有適當週跑量與長跑跑量的漢森訓練法，而是選擇低跑量和有大量

長跑的課表，結果卻難以維持健康。

柔軟度與伸展運動

　　雖然自 1970 年代慢跑興起時，伸展就與運動跑步有關，不過這個主題比多數人所了解的更複雜。柔軟度本身是指特定關節在靜態（固定）時能動的最大範圍。一個人的關節有更彈性的活動範圍，就更容易伸展相對應的肌肉。如此一來，肌肉就會更有彈力，比較不容易受傷，不過跟彈性較差的肌肉相比，就更難有爆發力。想像玩具彈力超人阿姆斯壯（Stretch Armstrong）：你越是拉扯他的手臂，他看起來就越纖弱。同理，你把肌肉拉伸得越長，就越沒有彈力可以爆發。這就是為何動態伸展（dynamic stretching）很重要，這種柔軟性伸展針對跑步關節和肌肉進行一系列動態運動。為了正確進行例行的柔軟伸展，你必須了解這兩種伸展的差異與使用時機。雖然多年來有不少爭議研究，但最新而且最具信服力的證據顯示，動態伸展和靜態伸展有各自適用的時機與情況。為了提高表現與避免受傷，在恰當時機做正確伸展非常重要。

動態伸展

　　這種柔軟訓練包括有節奏全範圍施展動作，這些動作經過精心安排。有一種動態伸展經常被稱作「彈震式伸展」（ballistic stretching），速度快而且有彈跳動作，使關節超過平常會有的動作範圍。這可能有高危險性，你可能因此受傷，所以我們通常會建議避免彈震式伸展。相較之下，動態伸展強調正確姿勢與動作，在合

理標準內增加運動範圍。動態伸展時機在暖身跑之後，速度跑、強化跑或節奏跑之前，這能為跑者帶來多方面幫助。首先而且最重要的是，動態動作可以降低肌肉僵硬度，也可降低肌肉受傷的風險。動態伸展可使你放鬆，但不會拉伸你的肌肉到會降低力量的程度，為身體跑得更快做好準備。實際上，動態伸展確實能刺激快縮肌纖維和中間肌纖維，這些肌纖維在傳統跑步訓練中經常被忽略。這種伸展的另一個優點就是能訓練大腦與肌肉相互協調，促使肌纖維和神經系統同時運作。

　　為了展現動態伸展的最佳效果，在高強度訓練前先暖身跑 1 ～ 3 英里，之後再進行以下幾組伸展。動態伸展時間不該超過 10 ～ 20 分鐘，這些伸展是提升整體訓練的簡單方法。挑選你最喜歡的伸展動作，並隨你喜歡的順序伸展。

----

1. 直臂畫圓

身體站直，雙腳分開與肩同寬，將你的雙臂順時針旋轉，模仿身側兩邊有螺旋槳葉的動作。避免讓雙手在胸前交叉，背部挺直，膝蓋微蹲。重複 6 ～ 10 次後，將雙臂從身側前後擺動到胸前，重複 6 ～ 10 次。這些運動能幫助你放鬆上半身大肌群，使上半身跑步時更有效率。這點尤其有優勢，因為跑者的手臂和肩膀通常會過度緊繃而影響步伐。

輔助訓練

2. 站姿側伸展

身體站直，雙腳分開與肩同寬，雙手叉腰，身體從左向右慢慢傾斜，注意不要向前或向後彎。身體向一側傾斜時，將另一側的手伸直到頭上方。重複 16 ～ 20 次，這些伸展有助維持你的脊椎靈活性。

3. 髖部繞環

身體站直，雙腳分開與肩同寬，雙手插在臀部兩側，開始用臀部繞圈，並盡可能以舒服的姿勢向前傾與向後傾。逆時針轉 10 ～ 12 圈後，再順時針轉 10 ～ 12 圈。鬆開髖關節可使你跨步時的動作幅度更大。

4. 半深蹲

身體站直，雙腳分開與肩同寬，雙手插在臀部兩側或者向前方伸直，如圖一樣彎曲膝蓋，之後雙腿緩慢站直回到一開始的姿勢，重複 10 ～ 12 次。半蹲可助你將腿抬得更高，這能改善你原本的步伐，避免你拖延步伐和有其他降低效率的動作。

5. 縱向擺腿

站直並將你的身體左側靠牆，把重心放在右腳（外側），左手扶著牆。以擺錘的動作前後擺盪你的左腳，總共重複 10 ～ 12 次。之後換邊，右腳也重複一樣的動作。

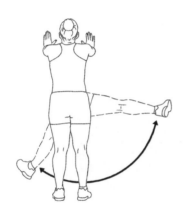

6. 左右擺腿

站直面對牆壁，雙手抵住牆壁。將你的右腳擺到身體前方，並以舒適姿勢盡可能擺到左側，之後再以舒適姿勢擺回右側最高處。重複 10 ～ 12 次後換腳。

7. 跳步

輕緩地以後腳跟跳 30 ～ 50 公尺的距離，或者 10 ～ 15 秒。之後轉身跳回你的起始位置。

8. 高抬腿

沿著直線慢速前進，以行軍方式認真將你的膝蓋朝胸口抬起。注意膝蓋要往胸口抬高，還要考慮手臂正確擺動並隨著另一側膝蓋有節奏律動。手臂正確擺動是指將手臂 90 度彎曲，有如掛在肩膀的鐘擺一樣前後擺動。上下擺動動作要快，但你前進的動作應該要控制穩健，來回各 30 ～ 50 公尺。

9. 踢臀跑

這跟高抬膝的動作相反，將你的膝蓋向後快速踢臀。一樣動作要快，但直線前進的動作要穩定。前進 30 ～ 50 公尺後，轉身並繼續動作回到起點。

10. 交叉步

又名「葡萄藤」，這是需要身體協調性的最高難度動作。你的雙臂可以與身軀垂直，或者如果你覺得比較舒服的話，也可讓雙臂彎垂在身側。身體站直，雙腳分開與肩同寬。向左移動時，將你的右腳放到左腳後面，左腳向左側邁出步伐；之後將右腳放到左腳前面，然後左腳再次向左跨步。基本上就是雙腳與彼此交叉邁步，而骨盆扭動時身體保持不動。行進 30 ～ 50 公尺後，換邊繼續同樣的步伐回到一開始的位置。

11. 箭步彈跳

這些動作跟高抬膝很像，但不用將膝蓋抬向胸口，這邊的重點變成用後方的腳向前蹬躍。這個動作結合跳躍和高抬膝，前進 30 ～ 50 公尺後，轉身再繼續這些動作返回起始位置。

輔助訓練

12. 輕快跑

你的例行運動結束後，跑 4 ～ 6 趟 75 ～ 100 公尺的輕快跑。一定要順著風向快跑，再逆風慢跑回到起點。每次快跑不要超過 15 秒，速度慢的跑者從 75 公尺開始即可。

　　編號 5 到 12 的伸展運動會動用到肌肉。肌肉主動參與伸展並激發神經肌肉的連結，(1) 你的身體準備好跑得更快，(2) 專注特定跑步動作有助養成正確姿勢，以及 (3) 促進快縮肌纖維和中間肌纖維的神經肌肉連結，半馬後半段慢縮肌纖維被榨乾後，這會是一大優勢。

靜態伸展

　　多數人談到伸展時說的就是靜態伸展。跟動態伸展不同，靜態伸展要站著或坐著不動時進行，身體不用進行動態動作。多年來，跑者固定會在訓練與比賽前進行靜態伸展。諷刺的是，這可能是進行靜態伸展的最糟時機，因為這會過度拉伸肌肉，降低肌肉爆發的力量。肌肉伸展後會失去彈性，變得更沒力氣，也可能提高肌肉拉傷的風險。即使如此，靜態伸展在你的訓練中還是有一席之位；你只需要知道進行的時間與如何伸展。

　　有許多研究支持在訓練後靜態伸展以防受傷。例如：小腿緊繃證實與後腳跟旋前（pronation）有關，這會造成脛骨與腓骨（下腿骨）向內側旋轉，引發的疼痛通常稱作脛痛症候群（shin splints）。更確

切來說，這種僵硬可能演變成肌腱炎、壓力性骨折、阿基里斯腱受傷與膝蓋問題。柔軟性不佳也經常導致骨盆前傾，下背因而過度彎曲。結果就是下背肌肉緊縮，使跑者的背部容易受傷。

雖然你可以定期進行交叉訓練和動態伸展，但平日就應該進行靜態伸展以避免上述問題。研究指出，至少需要 3 週「例行」伸展才能見到有效改善，這一般是指每天都要靜態伸展，有時一天兩次。

過了一段時間後，靜態伸展的習慣能幫助你獲得並維持整體更佳的柔軟度、加快受傷復原能力、改善跑步姿勢、放鬆肌肉，並提高一個動作的最大移動範圍。

以下伸展方式應該在跑步後進行，維持動作 20 秒，每組做 1 ～ 3 次。不要伸展到疼痛或肌肉顫抖的程度；緩慢進行並控制每一組動作。這些伸展應該加進你的每日例行運動，跑步後用 10 ～ 15 分鐘做靜態伸展。如果你跑步後急著離開，當天稍後或傍晚再伸展也行，但就是不要在跑步前做。

------

1. 下背

背部朝下躺平，將雙腿朝胸前彎曲。伸展時雙手放在膝蓋後方，並將膝蓋朝胸口拉。這個動作專門伸展骨盆延伸到肩胛的背部長肌。

輔助訓練

2. 肩膀

身體站直，雙腿分開與肩同寬。將
右手臂橫放到身體前方，讓手臂與
身軀垂直。左手放在右手手肘處
（或稍微上移靠近肩膀一點），將
右臂朝左側輕拉。接著左手也重複
一樣動作。我們承受的很多壓力最
後會落在肩膀上，因為許多跑者疲
憊時會聳肩，造成姿勢不良。如果
肩膀一開始就維持緊繃的姿勢，可
能會影響手臂擺動，進而影響跑步
效率。

3. 胸部

身體站直面對沒關門的門廊，雙腿分開與
肩同寬。一腳應該稍微放在另一腳前方保
持平衡。打開雙臂（你的身體看起來像 T
字型），將手臂分別抵住兩側的門牆，掌
心碰牆。身體向前傾直到你覺得胸肌與二
頭肌溫和拉伸。許多跑者經常胸肌緊繃，
使他們上背蜷曲（像駝背）。這項伸展有
助預防導致跑步效率不彰的不良姿勢與體
態。

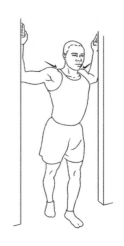

4. 小腿肌群

站在離牆一到兩步的位置，身體前傾用雙手抵牆以撐住身體。左腳彎曲固定不動，右腳向後邁開 12 英寸。右腳跟應該貼住地面，隨著胸部逐漸朝牆靠近，右腳可稍微彎曲以拉伸另一條小腿肌。左腳也重複相同動作。提高小腿肌柔軟度有助避免旋前和肌腱問題。

5. 臀肌

背部朝下躺在柔軟平坦的表面。左腿彎曲讓膝蓋朝上，但左腳仍踏平在地上。下一步右腳彎曲，將右腳腳踝放在左膝上，右腳應該與左腳垂直。你的雙手交叉環抱住左大腿後方，盡可能在舒適的情況下將左膝朝胸口拉伸。接著另一腳也重複相同動作。

6. 鼠蹊部

身體站直，雙腳張開超過肩膀。
將右臀壓低到蹲姿，右腳彎曲
並保持左腳伸直。如果有需要，
可以將手放在右膝上保持平衡。
你應該會感覺到左腳內側的伸
展，接著換邊並重複動作。

7. 腿後肌群

坐在柔軟平坦的地面上，雙腳
向前伸放。彎曲左膝讓左腳腳
底靠著右大腿內側。右腳應伸
直，膝蓋可微彎。腰緩慢向前
彎曲，這樣才能著重在大腿後
側肌群的伸展，而非上背伸展。
接著換右腳並重複相同動作。

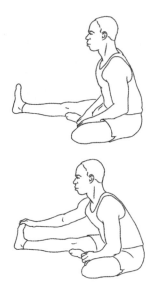

8. 髖屈肌／股四頭肌

左腳向前跨一步，像是弓箭步的動作；你的右腳應該向後延伸、右膝觸地。你的左膝應該在左腳踝正上方。身體挺直，將臀部向前推，讓左膝超過左腳踝，右膝在臀部後方。你應該覺得右臀髖屈肌與股四頭肌受到拉伸。換邊重複相同動作。

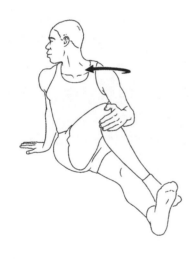

9. 髖部

坐在地上，左腳向前平伸。將右腳交叉放到左腳上方，右腳踝要在左腳外側。下一步伸出左手，將手放在右膝的外側（右側）。右臂應該靠臀撐地當作支撐。最後把左手當成支撐抵住右腳，身體轉向右側。之後換腳重複相同動作。

編號 5 到 9 的伸展目的一樣，骨盆肌肉可維持穩定，但也可能限制動作幅度。如果這區的肌肉緊繃，就會縮小自然跨步的長度，降低跑步經濟性。維持這些肌肉的柔軟度與自由動作的幅度，你的步幅便會變大。

力量訓練

肌力（阻力）訓練是部分跑者會選擇的另一項輔助運動。提升肌力有助於跑步。首先也最重要的是，肌力訓練有助於改善體態，尤其是上半身；肌肉變強壯可提供防護以避免受傷。此外，肌力訓練可刺激身體在耐力跑後半段利用快縮肌纖維，有助抵抗疲勞。

肌力訓練有各種運動方式，包括前面章節提到的動態操、核心肌群訓練和自由重量（free weight）。我常聽到跑者避免重量訓練，因為他們擔心「塊頭」變大還會增重。實際上，這項訓練很難增加大量肌肉使你的體重增加。如果適量與正確運動，那麼一般跑者無須擔心體重會增加。

雖然要將肌力訓練加入跑步課表有很多選擇，但我們的基本原則包含以下三點：(1) 它應該是跑步的補充訓練；舉重或其他肌力訓練不該取代跑步。(2) 它有助於修正你的弱點、肌肉失衡和跑步姿勢不良；基本上，肌力訓練可提升跑步表現。(3) 肌力訓練時間短而且簡單；長時間固定進行困難的肌力訓練，不僅會讓人覺得乏味，還會占用你達成真正跑步目標的寶貴時間。我們了解許多遵循此訓練計畫的人有全職工作，還要承擔許多其他責任，所以這邊提供你可以自己做的簡單訓練，不用加入健身房會員或使用華麗的器材。輕鬆跑日後，只要選擇以下兩到三種運動即可。

徒手訓練

1. 捲腹

背部朝下躺平，雙膝彎曲讓雙足在地上踩平，收起腹肌將你的上半身抬起。很多人會用力讓自己起來，或者靠雙腳蹬地將身體捲起，但這無法達到肌力訓練的預期成效；你應該著重在腹部收縮的小幅度運動，捲腹的整體移動可能只有幾英吋。一開始先做 3 組 10 下，接下來幾週逐步增加到 3 組 25 下。這時你可以繼續增加組數或者每組次數。捲腹的目標是加強腹肌，對於維持跑步體態與姿勢很重要。有強壯的腹肌更容易將骨盆內收，透過更好的姿勢增加步幅。

2. 背部延展

臉朝下趴在地上，將身體主要重量放在胃部。雙腿張開與肩同寬，雙臂向前張開伸直。盡力讓手指與腳趾維持一直線，最後收縮下背肌肉，調整姿勢讓你的背部呈直線。維持 2 ～ 3 秒後放鬆，重複12 ～ 15 次。跑步時腳每踩一步，背部就會承受許多力量；背部越強就越能承受跑步的衝擊力。

輔助訓練

3. 超人式

超人式類似背部延展，但
並非只維持固定姿勢收縮
背肌，此時你舉起一隻手
和相反側的腳。臉部朝下
趴在健身球上，將你的左
臂平舉，同時也舉起右腳
（你將同側手腳一起舉起

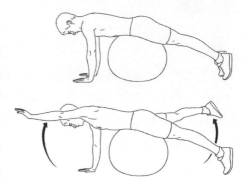

的話，會從球上掉下來）。這個動作可以同時加強手臂、臀肌和背部。
每次動作維持 1 ～ 2 秒之後再放鬆，單側重複 12 ～ 15 次。上背強
壯表示肩膀不易鬆垮，有助維持正確姿勢和上半身的跑步動作。

4. 橋式

躺在地上，雙腳彎曲讓雙足
踏在地上。收縮臀肌、背肌
和大腿後側肌群以抬高臀
部，這個動作做得對的話，

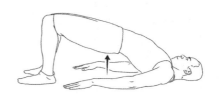

你的膝蓋最高處與頭部會呈一直線。每次動作維持 1 ～ 3 秒，並重
複 12 ～ 15 次。當你對這個動作駕輕就熟後，你可以試試單腳支撐
的版本，即一腳彎曲另一腳伸直，並將身體從地上抬起（此時彎曲
的腳會收縮施力）。這個姿勢旨在強化臀肌和大腿後側肌群，這些
肌肉因為跑步經常比股四頭肌還沒力氣；這動作還能伸展格外緊繃
的髖屈肌。

5. 側棒式

向右側躺，右臂彎曲，讓肩膀到手肘間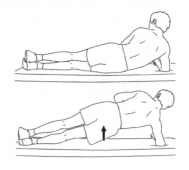
的肱骨變成「支柱」，你的右前臂跟身
體垂直。你的右腳應該放在地上，左腳
放在右腳上，然後將身體從地上撐起。
上腹部不要向下垂，也別彎腰。從哪個
方向看身體都要保持一直線，維持這個姿勢 10 ～ 20 秒，之後換邊。
你變更強壯後再加長時間。這項運動能平衡前腹與側腹的力量。

　　整體而言，這些肌力運動全面涵蓋阻力訓練。考慮將部分運動
納入你跑步計畫，幾週後你肯定會注意到不同。跑步可能占掉你很
多時間，但要能提高表現並避免受傷，肌力訓練會是又快又簡單的
方法。

伸展與柔軟度的結語

　　持續性是伸展與肌力訓練的成功關鍵。如果你每隔幾週才做一
次這裡規定的運動，這樣不會得到益處。實際上，這只會讓你更累，
而且沒有投資報酬。因此如果選擇按照肌力與柔軟度課表，務必持
之以恆。先從每週 1 ～ 2 天、每次 1 ～ 2 組運動開始。幾週之後評
估你的進度，如果感覺不錯可再加入 1 天或 1 組運動。慢慢調整負
荷量，直到你希望維持不要繼續增加的程度。最後，與其訓練中期
才加入上述任何運動，不如在訓練一開始就及早開始。

第八章
營養與水分補充

　　我 25 歲時跟很多差不多歲數的男男女女一樣，不太注重適當補充水分和營養。我吃喝下肚的都是我想吃喝或者手邊可取得的食物，我以為只要我認真訓練，比賽就能稱心如意。有時是這樣，但有時卻未必如此，我現在知道如果當時多考慮到營養等細節的話，可以有更穩定和也許更棒的成績。如今，我年紀漸長而且也更有智慧，我已明白所有這些元素如何息息相關。訓練、表現、飲食和水分都密不可分；如果你忽略其中一項，其他項就會受損，更糟的是，你會埋藏你的真正潛能。

　　為半馬補充能量跟為全馬補充能量的策略不同，因為配速對比賽的影響更大。在距離較短、速度較快的跑步中，身體跑到沒能量

的風險比較低，除非你開跑時身體就能量不足。但是跑者若想突破 3 小時的門檻，就必須像全馬跑者一樣認真思考補充能量，因為他們會長時間跑步並面臨「撞牆期」的嚴重風險，或者在抵達終點線前耗盡儲存的碳水化合物。

撇除速度，飲食也很重要。無論你是重視比賽表現的運動員，還是為了好玩和健康才參賽，飲食習慣絕對會影響你，使你的表現變得更好或更差。因此，無論你是哪一種情況，對營養教育有基本認識將成為你的有力武器。雖然這邊談的是一般建議，但是如果你有特別顧慮，尋求醫生或運動營養師以獲取個人建議也相當重要。

營養：補充能量展開長跑

高強度訓練需要考慮補充營養的三大面向：攝取足夠卡路里、攝取對的卡路里，以及慎選攝取時機。一旦你了解這三件事，你就能順利為訓練與比賽所需能量打好最佳基礎。

攝取足夠卡路里

半馬訓練是件大事，此時你的卡路里需求有別於未運動時或隨興運動時的需求。攝取適當卡路里能使你維持健康體重，並且支撐你的訓練。極度缺乏卡路里可能不利於你的訓練與表現，導致過度訓練、生病和受傷的問題；更重要的是，還可能危害整體健康。那些害怕吃太多的運動員通常最快會在高強度訓練第 6 週左右，開始感到筋疲力盡或受傷。當然這不是巧合，所以你要持續監控你的卡路里攝取，並依你的訓練程度攝取足夠卡路里。

營養與水分補充

就算你想在耐力訓練期間減掉一些體重，現在也不是開始減重餐的時機。一般來說，進行高強度訓練本身，長期下來就能稍微減低體重，飲食無須有任何大變化。記住一開始要進行訓練的話，你的身體需要適當能量來維持運作與跑步。因此，跳過幾餐不吃並過度控制卡路里（減少超過 1,000 大卡以上）會大幅影響你的訓練，此舉應該避免。這類不健康的飲食會使你每天都沒辦法呈現最佳跑步狀態，並降低比賽表現。

跑步追求體能更勝比賽時間者，運動時可以考慮搭配些微的飲食控制。不過切記卡路里赤字（caloric deficits）幅度應該小，而且減重速度要慢。你可以安全地進行這些調整，同時完成半馬訓練，不過我強烈建議尋求專業意見，來幫助你保持良好表現與健康，並同時降低體重。

估算卡路里攝取量

以下兩個快速公式能讓你了解每天需要多少卡路里。公式簡單好用，並且根據你的體重與運動程度，準確算出你所需的卡路里範圍。*

1. 輕度到適度活動（每週數天 45 ～ 60 分鐘的適度活動）
體重 ×16 ～ 20 大卡／磅＝每日卡路里

2. 積極活動（每週數天 60 ～ 120 分鐘的適度活動）
體重 ×21 ～ 25 大卡／磅＝每日卡路里

舉例來說，一個體重 150 磅的跑者每天輕鬆跑 60 分鐘，其所需的卡路里範圍如下：

150 磅 ×16 大卡 / 磅＝ 2,400 大卡

150 磅 ×20 大卡 / 磅＝ 3,000 大卡

　　這名跑者應該每天攝取 2,400 ～ 3,000 大卡的卡路里。我們提供兩個公式，你在訓練期間應該都會用到，因為你在長跑日需要攝取的卡路里會比短距離輕鬆跑日還高。由你跑步的距離決定要用哪個公式，並算出你當天應該攝取多少卡路里。不要執著於這些數字；這些數字只是要讓你大概了解你應該攝取的卡路里多寡。過一段時間後，你會熟悉你應該要攝取多少卡路里，不用繼續參考這些公式了。如果你會在每天差不多時間固定量體重，一段時間下來你會看到體重變化的趨勢。參考你的體重變化並當作攝取卡路里的準則。

　　我們與各種年齡層與不同經驗的跑者合作過，發現多數人往往高估他們需要的卡路里。一般來說，男性應該參考中到高的卡路里範圍，女性則應該參考低到中的卡路里範圍。年長跑者也常問我們：「由於我年紀比較大，我應該攝取比較少卡路里嗎？」這也一樣，照理講，男性過了 20 歲以後，每年要減少 10 大卡的熱量攝取，女性則應該每年減少 7 大卡。這些建議是依據人類生理變化而調整，因為人們隨年紀增長逐漸有久坐的傾向。如果你不管幾歲都維持高度活動程度，那麼可能只需小幅度調整卡路里。

＊　　譯注：1 磅約等於 0.4535923 公斤。

當然，這可不只是達到目標卡路里。表 8.1 可讓你全面了解卡路里攝取應該如何細分成健康而且有利跑者的飲食，此表說明你每天應該進食多少分量的六大類食物。當你繼續訓練，還要計算訓練前、中、後所攝取的額外卡路里，包括運動飲料、能量棒或能量膠。雖然輕鬆跑日不需要這類營養品，但距離比較長的素質練習（超過 8 英里）則是嘗試比賽日能量補充計畫的絕佳機會。在這些比賽專項訓練中，你有機會決定哪些能量膠、軟糖、豆子或飲品最有利於維持你的身體運作。

表 8.1　依卡路里攝取標準對應的飲食分量建議

	1,800 大卡	2,000 大卡	2,200 大卡	2,400 大卡	2,600 大卡	2,800 大卡	3,000 大卡
穀物	11 盎司	12 盎司	13 盎司	14.5 盎司	15.5 盎司	16 盎司	17 盎司
水果	2 杯	3 杯	3 杯	3 杯	3 杯	3 杯	4 杯
蔬菜	2 杯	2 杯	2 杯	3 杯	3 杯	3 杯	3 杯
牛奶／優格	2 杯	2 杯	2 杯	2 杯	2 杯	2 杯牛奶 1 杯優格	2 杯牛奶 1 杯優格
蛋白質	6 盎司	6 盎司	8 盎司	8 盎司	9 盎司	10 盎司	10 盎司
脂肪	4 小匙	4 小匙	5 小匙	5 小匙	6 小匙	7 小匙	7 小匙

1 盎司 =28.41306 毫升；1 小匙 =4.92892 毫升。
重點不只要考慮攝取的總熱量，還要注意分量多次攝取這些熱量。

攝取對的卡路里

　　了解要吃多少食物只是其中一個環節。你可能會想，並非所有卡路里都有相同的營養，卡路里數字可能一樣，但在速食店吃進 700 大卡跟在自家烹飪並吃進 700 大卡來自當地農夫市場的食材，兩者的殘餘效應有著天壤之別。本章後半段會更詳細討論要吃哪些食物與攝取營養的最佳時間，但首先我們先簡單來看身體的的三大能量來源：碳水化合物、脂肪和蛋白質。這三種來源各有其重要性，適量攝取，能有效維持每天的良好狀態。

碳水化合物

　　談到耐力跑的營養補充時，討論重心會是碳水化合物，因為確切來說，碳水化合物在飲食中的占比應為 60 ～ 70%。但是過去幾年，碳水化合物卻蒙受莫須有的罪名，此時美國興起節食風潮，尤其是提倡低碳飲食，許多人藉此獲利；但結果就是，碳水化合物的討論也跟著遭到誤導。老實說，不可否認的是我們都面臨肥胖流行病，這對人類健康與全國經濟都造成重大負擔。的確，簡單碳水化合物是肥胖的主因，不過這邊要提醒，碳水化合物分兩種：簡單碳水化合物與複合碳水化合物，而只有其中一類攝取過量才會有害身體健康。簡單碳水化合物來自精製穀物、汽水、糖果和其他加工食品，複合碳水化合物則存在於蔬菜和燕麥、糙米等全穀物中。兩種碳水化合物都在耐力賽運動員的飲食中扮演一角，而且會直接影響比賽表現，但你的重心應該放在蔬果和全穀物。大量攝取複合碳水化合物才能獲得你需要的能量，以及重要的維生素與礦物質。

營養與水分補充

迅速補充能量的碳水化合物
熟成香蕉
全麥麵條
蘋果
麥片
脫脂牛奶
莓果（草莓、藍莓、覆盆莓等）

　　碳水化合物是耐力跑運動員飲食中的重要元素，原因有很多。就表現層面來看，碳水化合物消耗速度比脂肪和蛋白質還快，這就是為什麼隨著運動強度提高，達到我們的最大攝氧量時，碳水化合物變成身體在無氧方式下繼續產生能量的唯一能量來源。同時，脂肪只會在低強度運動時使用，因為脂肪無法跟上高能量需求，而在碳水化合物耗盡後才會仰賴蛋白質。碳水化合物有助水分吸收，因此你在長跑時攝取水分，碳水化合物將幫助胃部更快淨空，讓身體更有效運用水分。這表示水分和碳水化合物可以更快抵達最終目的地，而能夠更快抵達，你就比較不容易耗盡能量而出現撞牆期。

碳水化合物對運動的重要性：

· 提供能量，尤其是高強度訓練
· 幫助水分吸收
· 大腦與神經系統的重要能量來源

碳水化合物也是大腦與神經系統的重要能量來源。比賽後半段感覺頭昏眼花或無法專注，通常是因為迅速耗盡儲存的肝醣（碳水化合物）。此外，碳水化合物也在代謝機制中扮演要角。也許你聽過「脂肪會在碳水化合物火焰中燃燒」，基本上控制碳水化合物攝取量的話，你可能也限制了燃燒脂肪的能力。雖然這個理論未經證實，但這個理論認為，碳水化合物和脂肪提供能量的過程或通道會產生某種副產品，而代謝脂肪時需要這項副產品。就我看來，身體還是會出現重要的脂肪代謝過程，但會少掉大約 20% 的效率；或者我們可聲稱，若要高效率代謝脂肪產生能量，需要仰賴碳水化合物的參與。概括此處重點就是，營養成分無法互相取代，因為碳水化合物的來源有限，最可能成為身體循環的破口。最後，碳水化合物的儲存量非常有限，因此每日補充格外重要。碳水化合物在每日推薦飲食攝取量占比之大，因為若沒有碳水化合物，你無法持續訓練，更不用說跑出好的比賽成績了。

除了這些重要功能，碳水化合物的儲存也對跑步表現有具體影響。想想看，你的身體只能在肝臟、肌肉和血液儲存約 2,000 大卡的碳水化合物。你的身體甚至會在中度運動時就使用這些儲存的碳水化合物，但隨著強度提高，會開始更快速燃燒碳水化合物。回頭看表 2.2，你會發現訓練強度達到 60% 最大攝氧量時，一般人燃燒脂肪和碳水化合物的比例大約各半。由於我們的碳水化合物儲存極度有限，加上半馬配速介於 60 ～ 85% 的最大攝氧能力，因此你會發現，如果我們每英里燃燒 100 大卡的話，那麼每英里至少有 50 大卡的熱量來自碳水化合物。以速度比較快的跑者（90 分鐘以內完賽）來說，肝醣消耗比較無須擔心，但因為他們的跑步強度高，所以他們還是

會快速燃燒碳水化合物。對於需要 2 ～ 3 小時完賽的半馬跑者來說，他們可能有肝醣耗盡的風險，因為他們跑得更久而且強度也高。雪上加霜的是，身體會先燃燒儲存在肌肉中的碳水化合物（肝醣）。整體來說，肌肉儲存大約 1,500 大卡的碳水化合物，但其實只有使用到的肌肉會燃燒肝醣；可惜的是，我們的身體不准一處肌肉向另一處肌肉借用肝醣。舉例來說，股四頭肌不能使用斜方肌的肝醣。所以雖然跑步需要大量用到股四頭肌，並消耗股四頭肌儲存的肝醣，但是股四頭肌還是不能向比較少用到的斜方肌借沒用到的肝醣。你的肌肉可能儲存 1,500 大卡的肝醣，但你沒辦法完全用到，只能繼續使用可取得的肝醣。

最重要的是，儲存在肝臟的肝醣是為了大腦與中樞神經系統所保留。血液的肝醣量甚至比肝臟儲量還少，所以別指望血液中的肝醣能讓你撐很久。「撞牆期」意指你開始仰賴血糖幫助跑步肌肉的時候，這表示你已經耗盡儲存的肝醣。簡單來說，攝取適當碳水化合物是你的營養訓練計畫基礎。許多半馬跑者並未認真看待比賽時完全耗盡碳水化合物的嚴重危險性；撞牆期在全馬更常見。但是跑者花 2 或 3 小時以上的時間跑完 13.1 英里的話，在某些時候也可能面臨耗盡能量的情況。無論訓練程度高低，若沒有這些基石，你的身體無法承受高跑量或高強度。

脂肪

脂肪是平衡飲食的必要元素，尤其是考慮到身體本身也儲存大量脂肪。如果你嚴格限制脂肪攝取，那麼你攝取的飲食總量會不足，或者你整天會被迫不停攝取其他營養以維持飽足感。由於脂肪每公

克的熱量大約是碳水化合物的兩倍，所以只要一些脂肪就能讓你一路維持飽足感。脂肪是細胞膜結構和脊髓組織的組成成分，而這可能直接影響身體表現。最後一點，脂肪很重要，因為脂肪有助身體吸收維生素 A、D、E 和 K，這些都是維持理想健康狀態的必要成分。

可迅速補充能量的「好」脂肪
核桃、胡桃、杏仁
堅果醬
鮪魚罐頭
酪梨

脂肪除了有助整體健康，也有助你的耐力訓練和跑步表現。隨著你的耐力提升，肌肉中的粒線體也會增加而且密度提高，這能讓你製造更多有氧能量。這個時候脂肪和碳水化合物可被同時利用。不過一旦運動強度達到 85% 以上，就沒有足夠氧氣可供脂肪燃燒，因此碳水化合物就會變成主要能量來源。好消息是，雖然一般人在最大強度的 60% 時，會改燃燒碳水化合物，但耐力訓練能夠將這個百分比拉高幾個百分點。

脂肪對運動的重要性：

· 提供大量能量來源，保留碳水化合物
· 隨著體能提升，逐漸變成更棒的燃料來源
· 吸收重要維生素
· 細胞結構的組成成分

營養與水分補充

這表示你的身體轉燃燒碳水化合物之前，可在更高的強度下燃燒脂肪。具體來說，這表示你可以跑得更快更久。儘管如此，我們依舊無須大量攝取脂肪。為了獲得更棒的成績，你的飲食中脂肪應該占 20%，攝取來源包括堅果、魚類、種子和酪梨，同時還要控制肥肉與其他飽和脂肪的攝取來源。

蛋白質

　　蛋白質應該占飲食中的最小部分，大約 10 ～ 15% 即可。蛋白質扮演關鍵角色，負責修復跑步後受損的肌肉，同時也可當作能量來源。可是當你到了要使用儲存蛋白質的時候，那就是你堅持跑步的最後一搏了。此外，蛋白質有助製造酶、抗體、體內荷爾蒙，還可運送血液中的維生素、礦物質和脂肪。最後但同樣很重要的是，蛋白質有助維持細胞內外的液體平衡。這點不容小覷，因為血液中的特定蛋白質可在我們流汗時調節組織的液態平衡。若無此機制，這個人可能會因為過度流汗，而出現脫水和電解質失衡等嚴重問題。這可能進一步造成肌肉痙攣、身體失調或其他嚴重病症。

迅速補充能量的蛋白質
切片瘦肉（雞肉、牛肉、豬肉）
牛奶
大豆（粉、毛豆、豆奶等）
堅果醬
杏仁

運動時需要少量蛋白質，但它的修復能力是長跑跑者最重要的能力。時間就是一切。運動後同時攝取蛋白質和碳水化合物，可降低肌肉損害並加快恢復。更重要的是，蛋白質有助運動員保持肌肉總量，這表示能更快恢復並有更高品質的訓練。你能確保並維持肌肉總量的話，就有更高機會儲存碳水化合物，進一步維持肌肉質量，在長時間運動中也會有更佳的能量利用。在極端情況下，蛋白質可能被拿來當能量來源，但是蛋白質的來源來自跑步肌肉，這是你的身體正緩慢崩潰的跡象。如果你正確燃燒能量，脂肪與碳水化合物可提供完成半馬所需的能量，而蛋白質則可留下用於賽後修復。

蛋白質對運動的重要性：

· 製造並修復肌肉組織
· 調節液態平衡
· 運送血液中的荷爾蒙、維生素、礦物質和脂肪
· 製造酶

補充營養重點
· 不用避開碳水化合物，只要你攝取能量以複合碳水化合物為主即可。
· 攝取適量脂肪沒問題，尤其是來自種子、堅果和魚類的油脂。

- 優質蛋白質有助製造並保護肌肉組織，如有必要還可提供能量。
- 基本上只要均衡飲食，你就能順利維持理想跑步表現。

水分：在比賽保持領先

　　人體有三分之二由水分組成，這使得水分跟營養一樣是影響跑者表現的關鍵。就連排汗對長跑表現的影響，也可能使你大吃一驚。研究指出，一個 150 磅的跑者即便只減少 2% 的儲存水分，或者是 3 磅的汗水，就能對身體表現造成負面影響。在涼爽乾燥的天氣中，排汗率每小時可能高達 1～2 磅；那麼再想想在炎熱潮溼天氣的排汗。缺水對身體造成多層面向的影響，其中許多影響源自心血管功能受損，因為心率增加、心搏輸出量降低和心輸出量（cardiac output）降低。一如第二章討論過的生理學，這些都會影響跑者最大攝氧量，進而影響配速。確實，對於同樣 150 磅的跑者來說，流汗失去身體 3% 的水分，這表示降低 4～8% 的有氧能力。

> **排汗率（sweat loss）** 是一個人每小時排出的汗水量；一般用每小時排出幾磅或幾盎司的汗水來表達。

　　除了心血管情況，脫水還會造成許多其他問題。首先，脫水會損害身體的散熱能力，讓你的體溫增加。這不僅會對你的表現帶來負面影響，還會提高熱相關疾病的風險，例如熱衰竭和中暑。另一

個症狀是腸胃道不適，這可能使你避免攝取液體，而這只會讓不適更加惡化。更糟糕的是，脫水也可能導致電解質不平衡，因為電解質對於肌肉收縮很重要，可能導致肌肉痙攣、無力和神經與肌肉之間傳導不完全。此外，最大攝氧量下降會使你更快燃燒儲存的肝醣。如果這聽起來還不夠糟，脫水甚至可能使認知受損，這表示你甚至可能無法保持冷靜在路邊停下腳步，反而會跑個不停。

我們不是要嚇你，但我們真心想強調補水的重要性。確定適當補水量後，還要考量以下幾個會影響水分流失的因素：

環境溫度較高 // 這點不讓人意外，天氣越熱就會流越多汗。

溼度較高 // 在某些情況下，溼度對水分流失的影響可能還比氣溫更大。如果天氣暖和或甚至炎熱但卻不潮溼，身體還是能夠保持涼快。可是如果天氣潮溼，身體冷卻與流汗的機制就無法有效作用，因為空氣溼度太高。你的汗水甚至無法蒸發使身體涼快。此外記住，如果你穿貼身、防虹吸（nonwicking）材質的衣物，那麼身體周圍溼度可能增加。

體表面積 // 體型比較大的跑者有更高的散熱能力，但他們也有更多吸熱面積，尤其是熱天。基本上，你的體型越大，更可能覺得熱而且流更多汗。

運動員體能 // 高度訓練運動員的冷卻能力比未受過嚴格訓練的運動員更好。雖然聽起來似乎違反直覺，但是受過訓練而且適應高溫的跑者實際上會比訓練不足的跑者流更多汗。不過這名受過訓練的運動員有更完善的準備，可利用

營養與水分補充

額外的流汗量更有效地冷卻。

運動前的體內含水狀態 // 如果跑者參賽前本就稍微脫水，那麼就會比原本水分充足的跑者更快達到脫水的臨界點。

了解水分如何流失很重要，但你也要知道影響水分吸收的因素。也就是說，我們攝取液體後，液體如何從胃部進入血管讓我們可實際使用？我們先從碳水化合物開始講起，我們已經說過碳水化合物有助水分吸收；但是不同種類的碳水化合物的吸收速度不同。由於碳水化合物呈分子鏈狀，分子鏈越長，就需要更多時間離開胃部。隨著科學家逐漸了解這個過程的內部運作，運動飲料公司也開始在飲料中加入兩種不同長度分子鏈的碳水化合物（通常是葡萄糖和麥芽糊精）。喝下這類運動飲料，短鏈可以迅速吸收並即刻使用水分，長鏈則有助長期維持水分吸收。

特定時候攝取的水分量也可能影響吸收速度。雖然一次喝下大量水分能夠更快吸收，但顯然比賽時你不會在單一補水站喝下好幾杯水。你應該做的是，在比賽前幾天先大量攝取水分，直到比賽前一天和比賽當天早上再稍微減少攝水量。記住液體溫度也可能影響吸收的快慢。休息時似乎沒差別；但是比賽時比較冰涼的水似乎可更快離開胃部，室溫的飲品則可獲更有效利用。別忘了，胃部是多數食物分解的地方，真正吸收的地方在小腸。

你在比賽過程中不太能控制飲品溫度，但你可以改變其他影響吸收的因素，像是身體在比賽一開始的相對水分狀況。一旦你開始跑步，就無法回頭修正身體的水分狀況。如果你在 1 英里處脫水，接下來整場比賽你會繼續脫水。一旦你已經水分不足，水分逐漸流

失會使身體越來越難「追回」原本狀態。同理，你跑得越快，身體就更難將液體吸收進到血管中，因為非維生功能處的血液會被帶走送往運動肌肉。血液不會在腸道和胃部循環，此時身體機制努力輸送更多血液到腿部提供氧氣。除了快速跑步時身體難以吸收液體的生理困難外，還有補水挑戰。如果有人試過在跑 10 公里比賽時補水，可能遇過灑出去的水比實際喝下去的水更多的情況。

顯而易見，監控水分狀態的重要性不亞於半馬表現與訓練的其他面向。你的水分狀態可使你保持健康並持續訓練，且支撐你進行輕鬆跑、素質練習日和比賽。這跟例行訓練很重要的原因一樣，營養和水分補給多練幾次會更熟悉。一開始可能要花很多心力，但過一段時間後你的判斷會提升，而且你對補充能量的知識也會增加。

我們花很多時間討論比賽當天的能量和水分補充，這些因素在訓練時也同等重要。每天都需要注意補充適當水分；這沒辦法在訓練前幾個小時達到，而是需要更長的時間累積。同理，訓練期間需要補充並儲存碳水化合物，才能使你維持良好的跑步狀態。就跟慢性消耗碳水化合物一樣，慢性脫水也會妨礙表現。蛋白質有助運動時的組織修復，強化每一次的訓練效果。因此就算在輕鬆日，也要注意攝取適當水分和能量，補充你已流失的水分與營養，並為下一趟跑步做好準備。

低血鈉症

近年有很多媒體關注長跑與低血鈉症（hyponatremia）的關係，但這個議題依舊無定論。血液中的鈉與水含量失衡時就會出現低血鈉症，通常在跑者大量流汗並同時補充大量水分時出現。因為

鈉能刺激神經脈衝（nerve impulse）與正確的肌肉功能，所以出現這種情況就表示身體的重要平衡亂掉了。低血鈉症分成三種：等容積性（euvolemic），此時水含量增加而鈉含量不變；高容積性（hypervolemic），鈉和水含量同時增加，但水增加更多；低容積性（hypovolemic），鈉和水都減少，但鈉少得更快。在這些情況中，血液中的鈉濃度都被稀釋，這就像是把一瓶運動飲料開特力（Gatorade）拿來混裝，你先喝掉半瓶再用水補滿，稀釋掉原本的內容物。

低血鈉症會產生嚴重影響，可能影響大腦與肌肉功能，造成昏迷與死亡。但是即使有這些風險，目前並沒有明確可避免的做法。最後要記住適當的補水計畫很重要，遵循以下準則：

- 如果你的運動時間超過 1 小時，那就喝運動飲料。
- 了解你的運動排汗率並攝取相對應的水分。雖然多數人能補充 65 ～ 80% 的流失液體，但有些人會補水超過這個程度。（你可以參照附錄 B 表格找到你的排汗率。）
- 恢復時要補充含有電解質的飲料。每天補充時，有很多低碳水化合物的品項可供選擇。

補充時機與來源

訓練前

訓練前幾個小時可能是最難攝取營養和水分的時刻，尤其是還在習慣晨跑的人。雖然在跑步前提早 1 小時起床吃點東西很理想，

但是我們了解忙碌的跑者也要重視睡眠。跑步和睡眠都分秒必爭。談到你在訓練前或賽前的準備，你必須衡量時間因素的利弊。如果你必須將睡眠減少到5～6小時，只為了在賽前1小時起床補充能量，我會建議別為此操心。你最好睡前先吃點健康的零食，然後抓緊時間多補眠。我向來會告訴跑者，要特別注意素質練習前的能量攝取，因為能量消耗可能不利配速與表現。輕鬆跑日比較不用擔心，因為你進行訓練時不需要那麼多能量。但如果你的跑步時間比較晚，你就有更多攝取能量的選擇。一般來說，跑前有更多時間準備，就應該吃更多。隨著訓練時間接近，目標就是攝取你最需要的東西，亦即碳水化合物和水分，但不要攝取過量。表 8.2 說明訓練前的基本進食準則。

表 8.2　訓練前進食準則

距離訓練時間	飲食選擇	營養成分
3～4 小時	正餐	碳水化合物、脂肪、蛋白質
2 小時	點心	碳水化合物、蛋白質
1 小時	流質	碳水化合物
5～10 分鐘	流質或能量膠	碳水化合物

訓練中

你在調整最佳的整體能量計畫時，有必要經過幾次的錯誤嘗試，但訓練時測試在跑步過程中補充營養也格外重要。為了好好補充營養，你得避免脫水或耗盡身體儲存的珍貴碳水化合物。因為半馬過程中會持續燃燒能量，練習在超過 1 小時的訓練中補充水分與能量。有時你可能不得不強迫自己在高強度訓練中進食喝水，但你的身體會在比賽當天感謝你，補充卡路里與水分應該是最能提升表現的東西了。

水分絕對是你訓練和比賽時給你最多回饋的補給品。液體不僅可維持血液量，運動飲料還可以提供重要熱量，又不會攝取其他成分而打亂你的計畫。你的排汗率可能會有所變化，但平均來說，我們運動時每小時會流失 2 ～ 4 磅的汗水。如果沒有補充回來，肌肉獲得的氧氣會減少，散熱減弱，而且會累積更多副產品（乳酸）。就其他影響而言，身體會加快心跳以彌補。因為流汗每減少 1% 的體重，你的心跳每分鐘會增加多達 7 下。此外，每因為缺水而降低 1% 的體重，你的速度就會降低約 2%。比賽本已相當艱難：你最不需要的就是心跳加快和腳步變慢。以每英里 8 分鐘的配速跑步，體重降低 1%（1 ～ 2 磅）而使配速降低 2%，等於每英里要多跑 5 秒。如果你的速度降低 2 ～ 4%，這種情況很常見，那麼原本每英里 8 分鐘的配速就會接近每英里 8 分 20 秒；而這是以 1 小時 44 分跑完半馬跟 1 小時 49 分完賽的差別。

最新研究（Butler et al., *Clin. J. Sports Med.*, 2006）指出，我們只在口渴時喝水，大約可以將 68 ～ 82% 的流失水分補充回來。這些學者認為，基本上身體會從細胞內部借用水分來彌補，也會從燃燒脂

肪與碳水化合物的自然過程得到水分。雖然這些過程確實存在，作者也討論這種情況的重大缺點。這項研究指出，上述一切原則適用於因排汗而流失最多 3% 體重的情況。問題在於如果我們渴了才喝水，根據他們的計算，那時我們早已減少大約 2.3% 的體重。他們的實驗對象可以不斷喝水，但實際上你口渴時，沒有餘裕補充 6 ～ 8 盎司的水分。我第一次讀到這篇研究時，我想也許我們教錯了。不過經過進一步查核，我發現我們的補水策略依舊適當，而且符合長跑的現實情況。以下是我們最推薦跑者的補水規則。跑步時間在 90 分鐘以內的人可能比較不需要這些準則，但跑步時間超過 2 小時的人千萬要考慮，將這些準則納入訓練與比賽中。

及早開始 // 跑步前 10 ～ 20 分鐘或在第一個補水站喝水。一如先前所言，口渴是個良好指標，但在半馬比賽中，你的身體可能沒辦法攝取很多水分。你在跑步的時候很難喝水！

每 15 ～ 20 分鐘補水 2 ～ 8 盎司 // 訓練時，這表示你要攜帶足夠的水在身邊或者事前做好補水安排。比賽時，水和運動飲料補給站應該就足夠你補水，多數比賽會每隔 2 英里設置一處補給站。

· 記住，跑步或比賽剛開始時多喝水比較輕鬆。如果你一開始多喝水，而且繼續定時補水，你就能維持足夠的水分直到完賽。這麼做，胃內停滯時間最短，也表示可更

快吸收水分、電解質和碳水化合物。

· 計算吞嚥次數,一口大約是 1 盎司的水,所以喝下 4 ～
6 口的水。

· 別喝太多水,一次灌下好幾杯水只會讓你不舒服。

事前規畫 // 如果你比賽時打算補充主辦單位提供的運動飲
料(或能量膠),事前了解主辦單位會提供哪些產品,訓
練時可用一樣的產品練習。如果你的身體不適應特定品牌
的產品,事前規畫可以避免意外腹瀉的情況。

跑步中補充營養的準則跟補水準則差不多。能量膠可能是最常
見的能量補充產品,但是軟糖等其他選項也很受歡迎。糖尿病患者
用來提高血糖的葡萄糖片亦是另一種選擇,它能在你口中溶解,迅
速提供碳水化合物。運動飲料可以為你的總攝取營養加入寶貴的熱
量,降低從固體食物攝取熱量的需求。以下是我們的建議:

每運動 1 小時,攝取 30 ～ 60 公克的碳水化合物

· 你跑步時間越長,就應該攝取越多熱量。超過 4 小時的
跑步則須每小時補充 60 公克的碳水化合物。

· 8 盎司的運動飲料提供 50 ～ 80 大卡的熱量。

· 1 條能量膠提供 25 公克的碳水化合物。

每小時補充 200 ～ 300 大卡的熱量

· 如果你每 20 分鐘喝下 8 盎司運動飲料,每小時就能得到

大約 195 大卡的熱量，可滿足多數跑步時間在 2 小時以內的跑者。

· 除了液體和能量膠，有些跑者選擇從其他食物補充熱量，這全憑個人喜好而定。

· 如果你攝取能量膠或類似產品，要搭配開水，不要搭配運動飲料。

· 每 30 ～ 45 分鐘補充 1 條能量膠，應可提供足夠的熱量。

　　除了具體的生理協助，精心計算補充能量規定也對比賽心理很重要。我的太太就是很好的例子，她生下女兒後首次參加半馬時欠缺自信，由於我們都在適應迎接新生兒的喜悅，因此她的訓練隨興而無章法。她的計畫是帶一個手持小水瓶，口袋裡裝能量膠，其實我覺得她都不需要，但我默不作聲。大約到了 8 英里處時，她看起來已經筋疲力竭了，我不知道她要如何跑完接下來的比賽。但當我在 10 英里處看到她時，她看起來煥然一新且充滿活力，最後她有很好的成績與相同分段成績。改變她的關鍵是什麼？那就是能量膠。她說能量膠讓她復活並清除迷霧。重點在於她曉得自己的需求而且有所計畫，她因為遵照計畫而感到自信，而且也避免出現可能很難看的完賽成績。

訓練後

　　訓練後補充能量對於下一次訓練的品質很重要，猶如訓練前補充營養之於訓練成果的重要性。這是你營養計畫中最容易執行的一環，千萬別忽視訓練後補充營養的重要性。當你完成一切訓練，訓

練後正確補充能量可以幫助你從跑步中恢復，並高度維持訓練成效，最後使你變成更好的跑者。我們建議你從運動緩和後遵循以下補充營養的計畫：

運動後的 15 ～ 30 分鐘最為關鍵

- 體重每損失 1 磅，就補充 2.5 杯水。若要了解你跑步時通常會消耗多少重量的水分，訓練第一週要固定在跑步前後量體重。一段時間之後，你就能合理推算跑步後應該補充多少水分。參考排汗計算機了解個人需求（見附錄 B）。

- 訓練後立刻攝取 50 ～ 100 公克的碳水化合物。我們特別推薦高升糖指數（glycemic indexm, GI）的食物，因為養分可以更快進入血管，再迅速送到肌肉。基本上，升糖指數依據食物的易消化率進行排名，食物可越快消化，數字就越高。運動後可嘗試下列食物：

// 香蕉	// 柳橙汁
// 運動飲料	// 玉米片
// 燕麥	// 烤馬鈴薯
// 煮熟的紅蘿蔔	// 麵包
// 豆類	// 冰淇淋

過了運動後的前 30 分鐘，可在接下來 2 小時內吃正餐 // 燕麥、花生醬搭配貝果和麥片，都是不錯的選擇，或者任

何含有大量健康碳水化合物以及有利肌肉修復的蛋白質餐點。巧克力牛奶等富含蛋白質的飲品也很好。

事前規畫 // 如果你參加的是群體訓練或到公園訓練，可以帶點食物去，等訓練結束後再吃。不要等到你回家才吃，盡快開始補充營養。

比賽日前的能量補充計畫

一旦完成所有高強度訓練，而且也已經降低訓練分量與強度，這時花點時間調整你的營養計畫。以下是重大比賽日前幾天的營養補充指南與訣竅。

最後一週

· 雖然你已經減少訓練量，記得要維持正常飲食，避免有任何重大改變。

· 飲食中的碳水化合物需占 70%，以複合碳水化合物和澱粉為主。增加肌肉中碳水化合物的儲能，可以補充所有不足的肝醣。研究指出，完全恢復肝醣儲存可提升高達 20% 的耐力。

· 體重增加象徵你的做法正確，如果你的體重增加 1 磅左右也別擔心，就算增加到 5 磅也屬正常。你可能會覺得有些遲鈍，但這在減量時期很正常。現在不是減少熱量的時刻。記住，體內每儲存 1 公克碳水化合物，也會連

營養與水分補充

帶儲存 3 公克的水分，你在比賽當天會需要這一絲一毫的養分與水分。不過，別把這當成藉口吃太多，反而應該要根據熱量需求調整飲食。

· 在這一週補充水分，別等到比賽前一天才開始趕進度。

賽前一天

· 每次吃點心和正餐時都搭配健康飲品，不要只喝開水，也可換成運動飲料。

· 避免會排氣或引發腸胃道不適的食物。

· 避免高纖食物。

· 避免攝取代糖。

· 限制飲酒。

· 睡前吃或喝健康零食，例如未加奶油的爆米花、貝果搭配花生醬，或者運動能量棒。

比賽日早晨

· 比賽前幾個小時的主要目標就是補充能量儲量與保持水分充足。對我來說，賽前 3 小時通常會吃 1 個抹花生醬的貝果、1 根香蕉、1 杯咖啡或柳橙汁。

· 遵循以下準則攝取碳水化合物：

賽前 1 小時：共 50 公克

賽前 2 小時：共 100 公克

賽前 3 小時：共 150 公克

賽前 4 小時：共 200 公克

所以如果你從比賽前 4 小時開始攝取碳水化合物，你的
目標應該是 200 公克的碳水化合物。如果你賽前 3 小時
開始，那就設定 150 公克，以此類推。因為比賽多半一
大早就會開始，所以多數跑者大概從賽前 2 ～ 3 小時開
始補充。

· 開始進食到比賽開始間隔的理想時間因個別跑者而異。
記得，如果你很早進食，你還是可以回去補眠；如果你
的胃很敏感，睡前吃足夠的零食會比較理想。

· 在攝取充足的碳水化合物和水分以及必須排長隊上廁所
之間取得平衡。不過如果你比賽當天能量充足，就不需
要在最後一刻擔心任何補充能量的措施。

比賽日的能量補充策略

談到全馬時，比賽時補充營養的重要性再怎麼強調也不為過。
但是就半馬來說，這多半取決於個別跑者的完賽時間。對於可在 90
分鐘以內完賽的跑者來說，賽前幾天充分補充能量與水分可能是他
們唯一需要擔心的事。對於完賽時間超過 2 小時以上的跑者，是否
規畫比賽時合適的補充能量策略，可能會造成達到個人最佳成績與
無法跑到終點線的天壤之別。無論對哪一種完賽時間的跑者而言，
補足營養與水分後，你最大的兩個目標應該是盡可能減少水分流失
並維持肝醣儲存（一如先前所提，速度比較快的跑者開跑時能量充
足，就算賽間未補充能量可能也不要緊）。

　　　　　　　　　　　　　　　營養與水分補充

了解你要攝取的食物與分量後，還需要考慮幾個因素。首先，熱量消耗與跑步距離的關係更密切，而非配速。雖然速度快的跑者運動強度更高，但他或她消耗的熱量其實跟相同體重但比較慢的跑者無差別。不過，雖說配速可能不重要，體重卻是關鍵。簡單來說，每跑 1 公里，每公斤的體重就會燃燒 1 大卡（1 大卡／公斤／公里）。因為體重容易測得（將磅除以 2.2 就能換成公斤），我們也知道半馬距離（21.0975 公里），因此我們可以輕鬆算出比賽會燃燒多少熱量。

　　範例：體重 150 磅的跑者

150 磅 ÷2.2 公斤／磅＝ 68.18 公斤

燃燒熱量＝ 21.0975×68.18 ＝ 1,438 大卡

　　燃燒的這 1,438 大卡包含脂肪與碳水化合物。若要了解比例，你必須考慮跑步速度，因為你跑得更快就會使用更多碳水化合物。新手跑者的半馬配速通常大約是 60% 最大攝氧量，進階跑者為 75%，菁英跑者則為 85%。這項資訊足以讓我們全面了解碳水化合物與脂肪的燃燒比例。參考表 8.3 了解不同跑步強度下，碳水化合物與脂肪燃燒的比例。

表 8.3　不同運動強度，碳水化合物與脂肪供能比例

最大攝氧量	碳水化合物	脂肪
65%	60%	40%
75%	70%	30%
85%	80%	20%

下一步就是思考每英里（或每公里）會使用多少熱量。參考先前範例，跑者在比賽中會消耗 1,438 大卡。若要了解每英里會消耗多少熱量，只要將 1,438 除以 13.1，結果大約是每英里消耗大約 110 大卡。從這邊我們算出每英里碳水化合物的消耗範圍。最大攝氧量為 60% 時，用 110×0.60 會得到每英里消耗 66 大卡碳水化合物；最大攝氧量 70% 時，用 110×0.7 得到每英里消耗 77 大卡的碳水化合物；最後最大攝氧量 85% 時，每英里會消耗 93.5 大卡的碳水化合物。由於這些數值會依跑者配速而有所差異，碳水化合物的總熱量消耗如下：

大卡／英里（66、77 和 93.5）×13.1 英里
或者
864.6 至 1,224.85 大卡的範圍

大約是 350 大卡的差距，這看起來可能不多，但實際上要多補充 3 條能量膠（1 條 100 大卡）。這也顯示比賽時勢必要以合適強度跑步，就算每英里快幾秒，長時間下來也可能使你缺乏碳水化合物，而且你可能無法恢復。雖然我們希望你設高目標，在比賽中展現個人最佳能力，不過有些風險不值得。

雖然我們算出碳水化合物所需範圍，但我們還沒討論實際上你應該補充多少回來，而這高度取決於你肌肉中原本儲存的肝糖含量。雖然肝臟也儲存肝醣，但這是為了大腦與中樞神經系統儲備，因此最好不要用到這些儲存肝醣。受過訓練的跑者每公斤肌肉中儲存約 80 大卡的熱量，而且這些肝醣僅供該區域使用。換句話說，手臂肌

　　　　　　　　　　　　　　營養與水分補充

肉的肝醣不能供腿部使用。平均來說，男性腿部質量約占 21% 的身體總質量，女性則為 20%。了解這個之後，我們就能算出碳水化合物儲量。計算時將體重換算成公斤，並乘以 20 或 21 算出腿部質量，接著將此數值乘以 80 大卡／公斤算出平均肝醣儲存量。表 8.4 和表 8.5 顯示不同體重男女的碳水化合物儲量。

68.18 公斤 $\times$ 0.21 = 14.32 公斤
14.32 公斤 $\times$（80 大卡／公斤）= 1,146 大卡（跑步時碳水化合物儲量）

以 68.18 公斤的跑者為例，我們算出這名跑者跑步時有 1,146 大卡可使用。我們也知道這名跑者整場比賽會消耗 864 至 1,224 大卡。他以 75% 至 85% 的最大攝氧量跑步，這點並不罕見，在這種情況下，他在賽間需要攝取額外熱量來獲得協助。對許多業餘跑者來說，半馬的訣竅就是做到這件事。如此一來，你就有機會一路順利跑下去，否則跑步可能戛然而止。根據我們提供的準則，跑者可擬定一套全面計畫，調整最佳的能量儲量並在比賽過程維持能量。記得這項補充計畫能助你抵達終點線，但沒辦法將能量完全儲滿。半馬訓練與比賽營養指南的目的是要優化能量儲存狀態，並教身體更有效率地燃燒脂肪。

表 8.4　男性碳水化合物儲備

體重	腿部肌肉重量	碳水化合物儲備
65 公斤（143 磅）	14 公斤	1,092 大卡
70 公斤（154 磅）	15 公斤	1,176 大卡
75 公斤（165 磅）	16 公斤	1,260 大卡
80 公斤（176 磅）	17 公斤	1,344 大卡
85 公斤（187 磅）	18 公斤	1,428 大卡
90 公斤（198 磅）	19 公斤	1,512 大卡
95 公斤（209 磅）	20 公斤	1,596 大卡
100 公斤（220 磅）	21 公斤	1,680 大卡
110 公斤（242 磅）	23 公斤	1,848 大卡
120 公斤（264 磅）	25 公斤	2,016 大卡

＊男性腿部肌肉的碳水化合物儲備約占體重的 21%。

表 8.5　女性碳水化合物儲備

體重	腿部肌肉重量	碳水化合物儲備
45 公斤（99 磅）	9 公斤	720 大卡
50 公斤（110 磅）	10 公斤	800 大卡
55 公斤（121 磅）	11 公斤	880 大卡
60 公斤（132 磅）	12 公斤	960 大卡
65 公斤（143 磅）	13 公斤	1,040 大卡
70 公斤（154 磅）	14 公斤	1,120 大卡
75 公斤（165 磅）	15 公斤	1,200 大卡
80 公斤（176 磅）	16 公斤	1,280 大卡
85 公斤（187 磅）	17 公斤	1,360 大卡
90 公斤（198 磅）	18 公斤	1,440 大卡

＊女性腿部肌肉的碳水化合物儲備約占體重的 20%。

　　　　　　　　　　　　　　營養與水分補充

第九章
裝備

　　我大學的田徑教練之前總說：「你看起來不漂亮就跑不快！」雖然他可能只是在說我們的衣服沒紮起來，但也令人好奇跑鞋與服裝是否會對跑步表現造成明顯差異。以舒適性來說，如今跑步特定用品已成必需品，例如一雙好跑鞋。身為雙腳跑超過 7 萬 5 千英里的跑者，我可以舉自己有說服力的例子，來說明跑鞋可以維持個人事業。儘管如此，還是有很多人對選鞋等議題爭論不休；但有一件事可以確定：捷克長跑選手埃米爾・札托佩克（Emil Zatopek）穿著軍靴在叢林間反覆跑的日子已經離我們遠去！

　　鞋子是你個人生物力學的延伸，有些幸運的人擁有教科書中標準的骨骼與肌肉組織，但你可能沒有。多數跑者多少會有些容易使

他們受傷的小缺陷，例如一腳比另一腳長、足弓下塌或骨盆乏弱，這就是鞋子上場的時候。正確選穿一雙合腳的跑鞋，跟有技巧訓練與正確飲食同樣重要。為了協助你選鞋，我們會討論步態生物力學、足型和多種選鞋要素。我會淺談極簡跑鞋，也會討論你看到五花八門的服裝時的選擇原則。讀完此章，你應該準備前往當地跑步專賣店、諮詢專家並選擇最適合你的跑鞋與服裝。

步態生物力學

選擇合適的跑鞋時必須考慮許多因素，其中一個就是腳跟地面的著力點，亦即步態（foot strike）；另一個考量就是每一次著地時腳停留在地面的時間。目標是要讓著地時間短到可降低煞車力（braking force），因為煞車力道會拖慢你的速度並使身體產生震動；但著地時間又不會短到影響身體向前的最大力量。聽起來步態似乎不會對整體表現有重大影響，但長時間下來就會有重大差別。想想這件事：在 5 公里跑步中，30 分鐘以內完賽的跑者踏出高達 5,400 步。只要將著地時間減少 0.01 秒，跑完 5 公里的時間就能足足減少 1 分鐘。將這種情況延伸到半馬的話，你只靠調高著地效率，就能減少好幾分鐘的完賽時間。

雖然步態生物力學有一些普遍定論，但仍有諸多有關理想著地部位的爭議，不曉得後腳跟（heel）、中足（midfoot）還是前腳掌（forefoot）觸地最合適。查閱這方面的跑步研究時要注意，因為每一篇研究會有各自看法，但另一篇研究又有不同結論，這方面的研究顯然仍有討論空間。但是隨著更多資訊問世，似乎更能說明著地

型式高度受到個人生物力學影響。《肌力與體能研究期刊》（*The Journal of Strength and Conditioning Research*）2007 年發表一篇研究，名為〈半馬菁英程度跑者在 15 公里處的著地型態〉（Hasegawa et al., "Footstrike Patters of Runners at the 15-km Point During an Elite-Level Half Marathon," 21[3]: 888–893），獲得更多人的認可，其中討論菁英跑者在半馬比賽時的著地型態。該研究結果指出，近 75% 的菁英跑者腳跟著地，24% 中足著地，僅有 1% 的人用足尖著地。這邊還要提醒，前 50 名完賽跑者中有 60% 的人用中足著地。

　　由於這項研究著地型態的分類不太可靠，用另一種方式來看待此研究更具意義。就我從合作跑者那聽到的情況以及從這篇新研究讀到的內容，我發現腳相對於個人體重的著地位置可能比腳著地的部位更重要。舉例來說，如果腳著地處接近跑者的重心（意即身體下方），那麼腳跟先著地未必不好。不過如果同一名跑者腳跟先著地，但腳卻誇張地在另一腳前方，那麼他就過度跨步（overstriding），可能導致許多問題與傷害，不過調整姿勢或換跑鞋也許能改善情況。

　　跑者步幅過大的其一原因可能是為了讓每一步有更長距離；但是這個動作適得其反，因為會產生煞車力並迫使雙腳承受更多衝擊。跑者想加大步幅時，會將一腳遠跨在另一腳前方。這麼做的話，他們著地時腳會在身體太前面的位置，使得腳跟直接著地同時腳趾朝上，這會增加腳觸地的時間並因此拖慢配速。如果你將著地點放在身體重心下方，就能避免這些問題。

　　這個看法在學術界仍有討論空間，但我們還是建議繼續訓練，別太執著於改變你的先天跑姿。不過這裡還是有一些著地型態小訣竅，也許能助你提高跑步效率。首先一如剛才所言，要避免步幅過大；

與其想要有怪獸般的大步伐，不妨考慮用股四頭肌抬起你的雙腳，在每一次著地時抬高股四頭肌下方的小腿，這能讓你著地處位於身體重心下方，並用中足著地。另一個可以修正並提高著地效率的變因就是姿勢。如果教練告訴跑者要「挺身跑步」，這表示雙肩向後挺並保持腰部微彎；避免垂肩，把身體到頭部當成槓桿的一部分，但稍微前傾可避免姿勢過於僵硬，否則看起來反倒像行軍樂團中的鼓手。記得骨盆應該在重心下方位置，腳要在身下著地，這時你的骨盆和腳都不會超出身體。

腳型

除了每一步的著地方式，你的腳型應該也在選鞋過程扮演要角。人類的腳有許多足型與尺寸，主要可分成三大足型：低足弓（即扁平足）、高足弓與正常足弓。在漢森跑步專賣店指導跑者與合作過程中，我們發現雖然扁平足不是最常見的足型，卻是最麻煩的足型。除了足弓偏低之外，扁平足經常伴隨腳踝向內歪斜的情況。跑步時，扁平足跑者通常會以腳外側著地，隨著一次又一次的著地，腳和腳踝開始內旋，這也稱作「過度內旋」（overpronation）。些微程度的內旋尚屬正常，因為腳會自然內旋，藉此減震並提供身體力量蹬離地面，不過扁平足跑者腳嚴重內旋，往往會過度使用而提高受傷的機會。主要問題在於這類跑者的腳往往太有彈性，雖可緩衝腳著地時的衝擊，但幾乎也沒有彈力可協助身體從那一步的著地動作中蹬起向前。這個過度動作對腳、腳踝、腳脛與膝蓋施加強大的內旋力道，引發肌腱炎、足底筋膜炎和阿基里斯腱炎等問題。如你所

　　　　　　　　　　　　　　　　　　　裝備

猜測，扁平足需要一雙特殊跑鞋來減緩這些問題，使他們也能正常跑步。

　　第二種足型為高足弓，如你所想，這就是扁平足的相反情況。高足弓跑者也會用腳的外側著地，並維持這個動作直到腳尖離地（腳尖把跑者向前推同時腳蹬離地面的時刻）。扁平足有很好的天然緩衝力但卻無法有效將身體推向前，高足弓則是相反情況。高足弓的彈力差，腳無法有效吸收跑步對身體施加的力道。腳著地時所有重量都放在腳的外側，因此甚至稍微限制腳尖離地的動作，因為高足弓無法充分利用大拇指將身體推離地面。諷刺的是，這個動作稱作內旋不足（underpronation）或者足外旋（supination），同樣可能導致與過度內旋相同的傷害，只是成因不同。旋轉的力量往往是扁平足跑者的受傷原因，而衝擊力吸收不良則是足外旋跑者面臨的困境。除此之外，高足弓跑者可能有更多髂脛束（iliotibial band）的問題，髂脛束是一條從骨盆延伸至膝關節的長組織帶。

　　第三種足型則介於前兩種之間，即中（正常）足弓，雖然常被稱作為「正常」足弓，但這不代表這種足型最常見。實際上，這是最少見的足型。擁有此類足弓的幸運跑者著地時，可能會先以中外側腳跟著地，然後緩緩旋向足中間，再利用大拇指的力量，使腳尖以最大力道蹬離地面。雖然中足弓可能有更好的生物力學，但如果跑步時穿支撐性太高或不足的鞋子還是有受傷風險。如我們先前所提，每一種生物力學差異都有其獨有的挑戰，因此挑選為其足弓型設計的鞋子格外重要。要對個人足型與適合鞋型進行正確全面的評估，可以詢問跑步專賣店或步態分析（gait analysis）專家的建議。你可以在家中測試了解你的足型，例如簡單的溼足印測試（wet test），但這無法保證你總能選到適合的鞋類。進行溼足印測試時，只要沾溼雙腳站在乾毛巾上，留下的足印可看出你的足弓高度或足型。選鞋時考慮足型很重要，同時還要了解腳的跑步動作與其他生物力學問題。

記住，大家都有不完美的生理缺陷。在生物力學、解剖學與基因學上完好無缺實屬罕見，就算菁英跑者也是如此。最近我看到多名美國 10 公里菁英跑者的照片，上面顯示他們跑完 10 公里的時間與其著地型式的照片。我沒看到會被認為有完美生物力學的跑者，所以真正的問題在於，你目前的狀態是否能使你保持健康而且跑步時無病無痛。如果不行，你得考慮能否換一雙適合跑鞋來解決這個問題。

跑鞋構造

要了解哪一款鞋最適合你的腳，你應該要熟悉組成跑步鞋的多種構造，主要可分為外底、中底、鞋楦、足跟杯與鞋面。

外底

我們先從跑鞋外底（outsole）說起，外底又叫鞋底（tread）。直到前一陣子，外底除了提供摩擦力幾乎別無他用，外底唯一的差別只有使用橡膠不同而已。不過如今外底經常劃分成腳跟與前腳掌區，藉此緩衝重量。此外，除了橡膠，現在的公司也仰賴新材料，例如二氧化矽，據了解，這種材料可在潮溼環境提供更好的摩擦力，而且也更環保。外底科技也改善跑鞋的一般磨損，這表示你可以穿

這雙跑鞋跑更遠更久；實際上，對多數跑者而言，中底會比外底更早分解。

中底

以生物力學觀點來看，中底位置會出現最多作用。近年來，乙烯／醋酸乙烯酯共聚物（ethyl vinyl acetate, EVA）和氣墊（air pocket）一度是熱門的中底材料，現在被更具彈力、更輕以及更易被生物分解的新科技取代。緩震科技也更進步，使鞋子可更快吸收衝擊力，緩震時間延長最高 15%。

雖然中底可以緩震，但支撐功能卻各有差別。依跑者需要多少穩定性而定，有些鞋子中底更密集可提供更多支撐，包括雙密度或三倍密度材質。這類中底有助使過度內旋的腳維持在更中間的位置，但也會增加鞋子重量。這些材質在不同鞋款有不同用量，因此鞋子穩定性與重量有更多選擇。要辨識比較高密度的中底時，可看中底內側（裡面）灰色區域的部分。有時中底也會加入其他材料提供額外支撐，例如支撐片（roll bar）會使鞋子更扎實。跑者內旋越嚴重，越需要這些額外元素。

你買了一雙好跑鞋，錢多半都花在中底上。判斷是否要換鞋時別看鞋底，更重要的是考慮你穿這雙鞋跑多長距離，以及中底的磨耗程度（平均壽命是 300 至 500 英里）。雖然各方面科技都進步，但鞋子依舊會耗損，只要中底情況不佳，你就有受傷風險。

鞋楦

鞋楦是鞋子的實際鞋型，基本可分成三類：直形、弧形和半弧

形。每一種各適合不同的足型，提供最佳的動作控制。舉例來說，直形是過度內旋跑者的最佳基底，因為直形有助控制扁平足跑者常見的過度內旋動作，使腳尖離地時更有力量。弧形的功能跟直形相反，弧形不對稱，沿著鞋內足弓位置呈現明顯弧度；這專為足外旋者所設計，藉由稍微朝內彎曲的鞋楦，協助改善天生緩衝不佳的情況。最後，半弧形被認為是直形和弧形的綜合體；這適合中（正常）足弓的跑者，因應他們的自然內旋。

足跟杯

你從外面看不到足跟杯，這個構造包圍住腳跟以減少腳踝移動。有些跑者需要這樣的控制，有些人則不需要，所以有不同程度的足跟杯，有些靈活性最佳的跑鞋甚至完全沒有足跟杯。

鞋面

覆蓋在跑鞋上方的輕量材質就是鞋面，通常由高度透氣的尼龍網布製成，可帶走腳的汗水與水分，使雙腳保持乾爽。如果你住在寒冷的地方，跑鞋也提供對抗天氣的功能性鞋面，避免雪和爛泥進到鞋內。你可能也注意到鞋面有多種鞋帶型式；很多新鞋款的鞋帶有助包覆足弓並提供額外支撐。

跑鞋類型

雖然跑鞋看似有無限多種選擇，但其實不出特定幾款。就像人有三種足型，鞋子也有三大類別。雖然這樣劃分，但還是有很多灰

裝備

色地帶，最近還有第四類和第五類出現。以下我們會討論這幾種鞋型：動作控制型、緩震型、穩定型、輕量型與極簡型。

動作控制型

這種鞋款是為超級扁平足設計，典型的動作控制鞋上面會有直形楦頭、腳跟到足弓以外會有雙密度中底、腳跟與足弓處會有塑膠支撐片，還會有足跟杯。有了這一切額外構造，這款鞋不會是最輕的選擇，但善於動作控制，避免過度內旋。

緩震型

這雙鞋最適合高足弓跑者，有弧形楦頭、搭配很多緩震墊、沒有雙密度中底材質，但有非常小的足跟杯。這款鞋型的目標是在不會影響跑步的情況下，提供緩震與靈活度。

穩定型

穩定型適合中度和些微過度內旋的「一般」跑者；鞋楦通常是半弧形，搭配雙密度中底科技，前腳掌區靈活性高、有充分緩震與些微程度的腳跟穩定功能。穩定型鞋款是不錯的中庸選擇，適合需要微幅支撐但不想犧牲緩震功能的跑者。

輕量型

輕量型已經問世許久，而且逐漸成為主流，其介於常規跑鞋與競賽跑鞋（racing flat）之間。這類似緩震型鞋款的輕量版，但沒有支撐功能。對多數跑者來說，訓練時不該穿輕量型鞋款。就實用角

度來看，這款鞋壽命不長，輕量代表材質用得少，這等於耐用度、支撐性與緩震度都會降低。就這些原因來看，一般跑者可能更青睞更實用的鞋。但是對某些跑者來說，輕量鞋卻是質量專項訓練的好選項，尤其是速度跑與強化跑訓練。競賽跑鞋是輕量跑鞋的次類別；跟前面所述的原因一樣，競賽跑鞋應該僅適用某些場合，例如路跑競賽！競賽跑鞋往往有更少材質，壽命通常大約是 100 ～ 150 英里。

極簡型

　　由於極簡型跑鞋充滿爭議，因此值得花時間好好討論，這樣你便能決定是否要從其迅速擴增的類別中選購嘗試。極簡跑鞋幾乎沒有緩震功能，也幾乎無法提供雙腳真正的保護，使你覺得好像赤足跑步。近年這款跑鞋招惹不少罵名，推薦極簡跑鞋也因此引發爭議。從奧運教練到週末才運動的人，似乎人人都有一套見解。漢森兄弟一開始不願販售跟隨潮流的極簡跑鞋，不完全是因為他們認為這款跑鞋只是在趕流行，主要是因為民眾未必會遵守指示。消費者想買極簡跑鞋，因為這款鞋是又新又時尚的新潮商品。雖然鞋盒通常會特別指示要逐步使用這雙鞋，但民眾會直接繫上鞋帶，立刻出門跑個 5 英里。他們穿極簡跑鞋跑一週之後受傷，而且還不明所以。

　　如今幾乎難以忽視極簡跑鞋，包括漢森跑步店等多數跑步專賣店至少會擺放幾雙極簡鞋款。為了幫助你決定這款鞋是否適合你，我們先認真談論極簡跑鞋的起源與利弊。首先，了解極簡跑鞋的前提很重要，其包含兩個概念：(1) 在可承受又不會受傷的範圍內，你應該穿最簡單的鞋子，以及 (2) 鞋子越簡單，越能強化雙腳並改善跑步步伐。極簡跑鞋提倡者經常表示，我們的祖先生來就赤足跑步，

　　　　　　　　　　　　　　　　　裝備

所以我們應該照做並回歸原始。這裡的關鍵詞是「祖先」；祖先光著腳 20 年，然後決定赤足跑個 10 英里。但是生活在一個與舊石器時代祖先相當不同的世界中，我們從小就穿鞋，所以要從穿鞋到赤足需要一個過渡期。多數極簡主義的支持者認為需要用幾個月的時間逐步減少鞋子的分量。例如：如果你穿的是穩定型跑鞋，你不該直接穿上極簡跑鞋，也許該先過渡換成輕量型跑鞋，之後再轉換成極簡跑鞋或「赤足」跑鞋。這能讓骨頭與軟組織逐漸適應極簡跑鞋。就算你完全轉換成極簡跑鞋，我們還是不建議每天穿這款跑鞋進行例行訓練；而是週期性穿極簡跑鞋當成補充訓練。

另一個極簡運跑鞋的爭議是跑步時穿比較簡單的鞋子可強化你的腳。沒有很多人爭議這個論點，但這個想法應該經過審慎思考。對於穿路跑鞋、田徑釘鞋或甚至進行速度跑的跑者來說，想想訓練隔天小腿的痠痛程度。穿極簡跑鞋跑步會出現類似拉傷的情況，並導致疲勞與痠痛。現在想像，你持續穿極簡跑鞋，日復一日對小腿帶來相同的壓力。你想多久後會受傷？現有一篇名為〈習慣赤足與穿鞋跑者的著地型態與衝擊力〉的研究認為大約兩週（Lieberman et al., "Foot Strike Patterns and Collision Forces in Habitually Barefoot Versus Shod Runners," *Nature* 463 [January 28, 2010]: 531-535）。關鍵在於，多數人並未花時間從一般跑鞋逐步且安全過渡到極簡跑鞋，這似乎造成無止盡的問題。

極簡跑鞋支持者最後指出，穿簡單一點的鞋子可以改善跑步姿勢，這個目的是要鼓勵跑者用前腳掌或中足著地，而不是腳跟著地。基本原理是用中足著地可以減少衝擊力，降低受傷風險與穿鞋緩震的需求。研究指出，赤足跑者用前腳著地的衝擊力顯著小於用腳跟

著地的穿鞋跑者。這項訊息非常有趣，目前對此主題的研究有限，因此研讀每一篇新研究相當重要。目前研究的主要發現指出，習慣赤足跑步或穿極簡跑鞋的跑者通常會以中足或前腳掌著地，他們受到的衝擊力往往顯著低於穿鞋跑者的衝擊力。另一方面，不習慣用前足著地或穿極簡跑鞋的跑者，脫下鞋子後很可能以腳跟著地；結果就是他們承受的著地衝擊幾乎是穿鞋用後腳跟著地的 7 倍。對許多跑者來說，最好還是繼續穿一般的跑鞋（出處同上）。

　　穿鞋跑步的一大爭論就是不會降低跑步風險，確實，過去 40 年跑者受傷率維持在 70% 上下。但是數據可能可做出另一番與跑鞋無關的解釋。根據美國跑步協會，半馬完賽跑者的人數從 2004 年 61 萬 2 千人增加到 2011 年 160 萬人以上。同時，由於整體人口出現肥胖趨勢，可以猜測一般長跑跑者的體重也跟著增加。簡單來說，現在跑半馬的整體人口比過去更加廣大，這也表示會出現更多受傷的情況。或許可以保守假設，傳統跑鞋以及多年來引進的新科技其實幫助更多跑者維持健康，而非使他們受傷；儘管無法確切知道實情，但許多教練如此認為。

　　要決定哪一款鞋子最適合跑者，考慮研究結果之外，也要參考你自己的生物力學與受傷史。極簡跑鞋適合某些人，但不見得適合其他人。如果你想嘗試，要有耐心，給自己大量時間轉換適應，尤其是跑量高的人更應如此。穿這款跑鞋需要大幅減少訓練，所以在訓練週期一開始嘗試並非好點子。我們建議先穿類似輕量跑鞋進行素質練習（不是長跑），然後在其他天例行訓練時觀察身體的反應。一如往常，要注意身體傳出的訊息，自行讀研究內容，並忽略媒體誇張的報導。

裝備

跑鞋價格

跑者最常問的問題之一就是跑鞋的價格。的確，並非所有跑鞋都有相同設計。就跟買車一樣，你想要或需要更多功能，就得付更多錢。不過要記得影響你決定的應該是鞋型而非價格；最貴的鞋未必最適合你。你到鞋店時，務必記得自己的個別需求，並在全盤了解與深思熟慮下做出決定。跑鞋有三種基本定價：入門款、中階款與高階款。

入門款

這是最便宜的選擇，入門款的跑鞋只提供基本功能，非常適合剛開始運動的人，尤其是那些不確定自己是否會繼續跑步的人。大多入門鞋款的鞋跟有緩震，但前腳掌處則無。這類鞋款顯然比較無法回應腳部需求，而且舒適度不如高階鞋款。即便如此，入門款仍可信賴而且有完好結構，一樣可幫助跑步。這是跑步商店最便宜的選擇，雖然百貨商店可以找到更便宜的跑鞋，但我們不建議選擇低於入門款層級的跑鞋。

中階款

這是跑鞋中最受歡迎的定價，此定價的鞋款除了提供基本功能，還有全腳緩震墊、更好的中底材質、更充分回應腳跟需求而且提升整體包覆。中等款結合價格與功能性，可以比入門款承受更長距離的跑步。

高階款

無論你是否需要，但高階款跑鞋擁有最新科技的一切酷炫功能，經常是鞋子公司的「頂級」款。高階跑鞋也許可以有更多跑量，但跑者需要衡量高售價是否符合個人需求。

如何選擇跑鞋

清楚了解市面上的跑鞋類型之後，現在你準備好邁向下一步挑選適合你的跑鞋。你能做到的關鍵一步就是到跑步專賣店，而非在網路商場購買。有些人在網路買鞋很幸運，但如果有個知識豐富的店員協助你選鞋，你更可能選到合適的跑鞋。正確選鞋就像在拼拼圖；受過訓練的店員可幫助你找到迷失的拼圖並做出好選擇。你去鞋店時記得把舊跑鞋也帶去，並準備回答有關訓練和過去跑步經驗的問題，例如：

- 「你受過傷嗎？」
- 「你穿前一雙跑鞋的感覺如何？」
- 「你之前穿過合適的跑鞋嗎？」

接下來，跑步店專家可能檢查舊鞋底部的耗損狀況，以全面了解你的著地方式。舉例來說，如果你老是將鞋底的所有內側磨光，你很可能過度內旋，鞋子需要更多支撐。如果你的鞋底外側出現磨損，你可能有足外旋，比較不需要支撐但要有更多緩震。如果你平均磨損鞋底兩側，你可能已經選對鞋型。很重要的是要記得這並非

裝備

絕對，如果你穿了 10 雙同鞋款的跑鞋，而且沒有受過任何傷，那就不用管耗損模式，繼續照你對自身的了解選擇適合你的跑鞋。

在多數跑鞋專賣店，店員也會要求觀察你的步態（gait）。許多跑步機構有跑步機和攝影機，可以拍下你在走路和跑步時雙腳動作的影像。影像會在螢幕上以慢速播放，你可以清楚看到你的著地方式；就算沒有這項科技，有經驗的店員也可以觀察你走路或跑步的姿勢，清楚了解你應該穿哪一種跑鞋。如果你想更進一步了解步態，還可以去運動表現實驗室，支付合理費用並使用特別軟體進行步態分析。另一項越來越受歡迎的新科技是足底壓力板（basic force pad），跑者赤腳站在上方，這個壓力板會出現腳的輪廓並清楚呈現足弓類型；這還會顯示你施加最多壓力的地方，有助了解哪裡可能需要更多緩震，以及你的跑鞋是否需要增加穩定度。通常你還會拿到一張足部掃描圖，上面會有鞋型建議。

一旦你有很多適合雙腳的跑鞋選擇，就交由你決定哪一雙鞋最舒適。記得選擇合適的尺寸；不要以為你穿 9 號鞋，就假設永遠會穿相同尺寸的跑鞋。你穿上鞋子後要思考以下因素：

鞋跟 // 鞋跟應舒適合腳，避免產生滑移。

鞋頭 // 鞋頭的長寬應該要留有一些空間，跑步時你的鞋頭應該要有空間可供腳伸展與推蹬，但空間又不會大到讓腳可以移動。

時機 // 如果你能安排時間，在你平常跑步的相同時間去跑步店，因為你的腳會隨著時間過去而逐漸腫脹；白天覺得合適的尺寸在你跑步一整天後可能會變得太緊。

最後通常靠鞋子的合適程度來做出決定。你眼前有三雙相同類型與價格範圍的鞋，那麼隨便一雙都可能有助跑步，這時選擇感覺最舒服的那雙鞋。記得選擇跑鞋時要根據功能性而非時尚性。了解足型與鞋類，並且與跑步專賣店有經驗的店員合作，最後你就能選出一雙有助你訓練的跑鞋。

何時換鞋

　　我們發現多數剛接觸漢森訓練課表的跑者會以為，他們可以在訓練一開始買一雙新跑鞋，然後一路穿到比賽當天。跑者如果明白一雙鞋根據鞋型、跑者體型和跑步風格，只能承受跑 300 ～ 500 英里的跑量，那麼這個推理的缺點不證自明。新手課表要求跑者在 18 週訓練期間總共跑大約 640 英里，任何想要採取上述計畫的人會發現訓練跑量遠超過跑鞋壽命。其實你在訓練和比賽時需要兩雙跑鞋。有些幸運少數可能在訓練過程中，跑鞋可以一路穿下去不用換新鞋，不過大多數跑者會發現隨著跑鞋變老舊，他們也迸出新傷害。受傷處可能是脛骨、膝蓋或腳底，因為鞋子開始崩解時你會失去預期的支撐與緩震。少了這些功能，跑者會因自己的足型而出現一些相對應的常見傷害。

　　多數時候，我們會建議先試穿一雙鞋適應幾週，之後再決定要不要購買另一雙同款或不同款的跑鞋。如果你發現喜歡你買的第一雙鞋，要確定購買第二雙時鞋型未出現變化。雖然鞋名可能一樣，但鞋款可能因某種原因而有所不同，這可能出現重大適應問題，可

能不合你的喜好而且整體舒適度下降。

比賽用鞋

　　幾乎可以肯定的是，你穿新鞋跑步的第一天不該是比賽日當天，每間跑步專賣店和各國每位教練都一再如此耳提面命。多數鞋子幾乎一拿出鞋盒，不消多久就準備面臨磨損，但重點是要確定你參加13.1 英里比賽時，你穿的那一雙鞋必須舒適。雖然你可能穿過好幾雙同款跑鞋而且沒有問題，但你還是需要給身體時間適應新鞋。如果你認真思考，這不無道理。鞋子會逐漸壞掉，你的腳也會適應鞋子小幅度的變化。但是當你穿上鞋店架上剛拿下的一雙新鞋，你的腳必須立刻適應中底更扎實的厚度與鞋面的形狀。這點也適用於穿矯正鞋墊（orthotic）的跑者，就跟你的腳需要適應新鞋一樣，腳也需要適應放入鞋中的鞋墊。你應該穿比賽用鞋累積一定跑量後才能熟悉這雙鞋，但跑量不用長到鞋子開始損壞的地步。對多數跑者而言，這大概是 50 ～ 100 英里，也就是說，比賽前 2 ～ 3 週要開始適應新鞋。

　　選擇比賽日跑鞋時，多數跑者會選擇他們也能在訓練中累積許多跑量的鞋款，不過有些跑者會在比賽當天選擇更輕量的鞋款。決定比賽日當天是否要選輕量鞋款時，要考慮你會長時間用到你的腳，而且比任何訓練跑都更久。這表示你的腳會腫脹，你可能需要稍微大一點的鞋，還需要合適緩震以承受每一步著地的衝擊力；別忘了競賽跑鞋之所以比較輕，是因為它們缺乏緩震與支撐功能。由於疲勞對跑步機制和跑步經濟性會產生不利影響，所以你感到疲憊後更容易受傷。我們會問多數考慮競賽跑鞋的跑者，「為什麼要犧牲幾

盎司的重量，但最終可能不利你的生物力學？」

那麼何時是穿競賽跑鞋的好時機？你變得更具競爭力時，就越該考慮競賽跑鞋。如果你已經在素質練習時穿輕量跑鞋、極簡跑鞋或競賽跑鞋，那麼你絕對會對比賽日當天穿競賽跑鞋感興趣。但是要做此決定前，要明白你把舒適度、緩震安全性與穩定度拿來交換更輕的重量。有些跑者確實需要額外緩震與支撐，尤其是在比賽後半段。如果你有同樣問題，但還是對輕量跑鞋感興趣，那麼可以考慮輕量訓練鞋款。這款近年推出的鞋成為一般訓練鞋與競賽跑鞋的良好過渡選擇，這款鞋不如你每天穿的訓練跑鞋那樣穩定，但有足夠支撐與緩震供有限度的使用，例如半馬。這能為你省下幾盎司的跑鞋重量，而且不用擔心跑步受傷的風險。

以我個人經驗，我發現穿一般訓練鞋適合多數日常跑步，但對於我希望加快配速的長跑來說，我選擇的跑鞋通常會更輕量、更具彈力但依舊可支撐我的低足弓。雖然跑鞋減少的重量不多，但我覺得跑得更快，同時鞋子還能提供我需要的保護以免受傷，尤其是我只會在特定訓練時才會穿這款鞋。如果你決定購買第二雙輕量鞋，比賽前先穿這款鞋進行幾次訓練，這樣你才知道比賽日當天，這雙鞋能否達到預期效果。

服裝

跑步服裝和配件對於半馬訓練也很重要，但類別太多並非本書重點。你在比賽當天的穿著要取決於比賽日天氣以及你平日的訓練穿著。例如：3月比賽涼爽的下雨天就很適合戴一頂跑步帽；7月戴

帽子的話可能只會悶熱。以下是選擇整體服裝時要記住的基本準則：

避免棉質衣物 // 不要穿任何棉質的襪子、短褲、長褲或短袖上衣，棉質衣物無法幫助蒸發水氣或帶走身體熱氣，只會吸熱和吸汗，使皮膚周圍保持潮溼；棉質衣物還可能造成擦傷和水泡。

穿少一點 // 選擇服裝時要假設跑步時會比實際溫度高出華氏20度。*假設外頭華氏40度，那麼選擇華氏60度的穿著；一開始你可能會覺得冷，不過一旦你開始生熱後，身體很快就會暖起來。

考量成本 // 購買跑步服裝時考慮每次穿著的成本，不要只看最初投資的金額，而是你打算穿這件衣物幾次；好的跑步服裝可能很貴，但是相當耐穿而且應該可持續穿好幾季。

記得試穿 // 縫線可能會摩擦，短褲可能會向上捲，短袖上衣可能過於寬鬆或太緊。等你找到比賽日要穿的衣物，務必先試穿，觀察是否合身與其舒適度。

　　跑步服裝的新趨勢是壓縮襪和緊身衣物，這項科技背後有一些理論。首先，有些人認為壓縮服裝可以加快靜脈回流，進而將代謝副產物（乳酸）代謝掉，藉此提升比賽當天的表現。理論上，這能增進表現，因為你能用更快的配速跑步，同時仍可將體內造成降速的廢物代謝掉。壓縮服裝的支持者也指出，這可能減少延遲性肌肉痠痛（delayed onset muscle soreness, DOMS），因此可縮減高強度訓練與比賽後的恢復時間。另一方面，最近一篇文章指出，壓縮服裝

穿起來感覺不錯，但是無助小腿靜脈加快回流。實際上爭論點在於，跑步後持續加壓可能造成深部靜脈栓塞（deep vein thrombosis, DIV）或血栓。

　　由於壓縮服裝與其相關研究還很新，各方評判者仍在觀察其效果。無論你在比賽當天選擇穿什麼衣物，務必先穿過試跑幾次。理想的情況是，穿著這套服裝長跑，這樣過了一段時間排汗增加後，你便可知道這種材質不會產生任何問題。你經歷所有的高強度訓練後，可不希望比賽當天的衣服出差錯。

---

*　　編注：華氏溫度（F）與攝氏溫度（C）的轉換公式為 F=9/5×C+32。華氏 20 度約等於攝氏 6.66 度。

裝備

第十章
比賽策略

你最不希望的事就是還沒站在起跑線上，就讓比賽受到影響。
比賽當天感到緊張很常見，但你太認真訓練以致於無法妥善規畫來
排除擔憂。世界上沒有策略可以排除緊張和可能出現的意外，但是
有一些步驟可以協助你超前準備。將注意力放在你可以控制的變因
上，並且為你無法控制的變因做好準備。從事先準備好餐點開始，
然後是你在終點線何處與家人會面、你要穿什麼鞋子、確認天氣並
有適當的洋蔥式穿法，事前規畫有助你在關鍵時刻保持冷靜。到了
比賽的週末時，擬定 A 計畫，還要有 B 計畫和 C 計畫，這些計畫都
該好好排練並隨時準備派上用場。你在起跑線感到放鬆，在比賽剛
開始就比較不易犯下愚蠢錯誤，而且可以專注準備遵守計畫。我們

經常警告跑者別低估半馬需要的規畫量。你在規畫比賽當天早上的計畫時請思考以下因素，無論是訓練或是準時到起跑線上，記住你的比賽只會跟你賽前準備的程度一樣好。

賽前準備

規畫旅程

如果你要到其他地方比賽，你可能需要在幾個月前先安排好旅行計畫。你除了要決定如何到比賽場地，還需確保有地方可住。多數情況下，在某個城市舉辦超過 3 萬 5 千人以上的比賽，報名結束後該市不錯的飯店房間很快就會客滿。沒錯，飯店房間客滿速度有時跟比賽報名額滿一樣快。肯定的是，你會希望比賽前後都有張舒服的床可以休息。

許多跑者會選擇報名當地比賽，尤其是第一次參賽的跑者，他們希望避免奔波造成的額外成本與麻煩。就算你參加當地比賽，可能還是希望訂一間房間。雖然有些人傾向在熟悉的環境睡覺，不過其他人則寧願在附近飯店過夜，這樣他們隔天一早可以輕鬆散步到起跑線。這項策略有很多優點，你可以在比賽當天多睡一點。此外，如果你覺得比賽當天早上湧入的人潮與周圍雜亂的情況讓你備感壓力，走過幾個街區抵達起跑線也許能消除你的焦慮。如果你偏好前一晚睡在自家床上，務必提早出發確保能準時到達起跑點。雖然你可能住在離比賽地點只有 15 分鐘的距離，但比賽當天早上的交通和停車問題可能是任何城市的夢魘。考慮請人載你一程，這樣你就不用苦惱要在哪裡停車。

比賽策略

策略性安排加油團

　　多數跑者喜歡比賽途中看到友善、熟悉的人，這不僅可以打破跑步的單調感，還能為你 13.1 英里的漫漫長路注入期待。就算這樣，也別花時間擔心何時何地會看到你的親朋好友。此時最佳策略就是交給其他人來處理。我參加 2012 年奧運馬拉松資格賽時，我預定飯店房間並幫我父母買機票，但除此之外，其他細節都由我妻子照料。她安排行程、飛到休士頓接我爸媽，並確保他們入住飯店。在此之前，她幫忙思考沿路要在哪裡找我，以及我們要在終點線的哪裡會合。她知道我需要在馬拉松週末之前的日子專注於比賽，因此她包辦接下來的工作，讓我可以不用處理可能讓我充滿壓力的行程安排。把這個關鍵人物當作你的隊長，然後由這名隊長來處理你不想管的細節。

　　個人親友團要安排在跑步途中的什麼地方，這得看你覺得自己會在什麼時候需要哪些鼓舞。對有些人來說，比賽時間只需 1 小時或 1.5 小時，所以合理的安排是將你的啦啦隊安排在接近起點的位置，讓啦啦隊有時間趕到終點看你完賽。另一個選擇是，也許你希望在比賽中非常疲憊的時候得到支持，這可能發生在 10 英里左右的地點。如果你屬於後者情況，看到熟悉的臉孔、聽到鼓勵的話語，或拿到專屬點心都可能是比賽後半段的重要門票，激勵你繼續前往終點線。這種情況下，可以考慮分散你的加油團，這樣也會有人在終點等著看你衝線。

研究跑步路線

　　了解比賽路線是一大優勢，如果你參加的是當地比賽，可考慮

定期前往分段試跑這些路線，這樣你就能預期比賽當天的路況。如果你知道會有轉彎、山坡和其他多種路線細節，就會產生熟悉感。你熟悉路況，就能保持冷靜並掌握比賽。漢森－布魯克斯長跑計畫的運動員經常會前往即將比賽的地點，試跑幾次路線。在訓練初期這麼做，我們可以盡早調整訓練內容與地點，為比賽路線做好充分準備。如果你在比賽前沒機會在比賽路線跑步，可查看比賽官網、YouTube 和網誌，查看比賽導覽與沿路路況。

比賽當週

馬拉松博覽會

馬拉松博覽會多半跟喧囂的跳蚤市場差不多，我承認我有時喜歡去逛逛，看看最新的跑鞋、裝備和好東西。儘管如此，我還是鼓勵避免花太多時間駐足在博覽會，這也是我看到許多跑者常犯的錯誤。他們對這場盛會周圍的排場感到訝異，所以他們在會場的水泥樓層中逗留，而不是返回沙發或飯店床上休息。對於多數辦在週日的比賽來說，博覽會辦在週五和週六。如果情況如此，而且你能夠在週五午餐時刻前往並領取參賽包，就能避免在此停留太久，而且在賽前放鬆一天。如果你只能到賽前一天才前往博覽會，那就盡可能早到以避開人群，然後盡快逛完離開，這樣你才能到某個地方放鬆休息。

賽前晚餐

無論你是否參加規畫好的賽前義大利麵晚餐，或者待在家和家

人一起吃飯，準則都一樣。最重要的是，肝醣超補法（carbo-loading）不是要你吃下四盤義大利麵和三條麵包；而是吃一般分量的餐點，但要確保健康而且富含容易消化的碳水化合物。主要目標就是要在比賽前將肝醣儲存量補滿。其實這是接近比賽最後幾天的目標，所以別把賽前晚餐當成肝醣超補法的主要來源。其實按照營養章節的建議攝取均衡飲食一週後，賽前晚餐應該是最後壓軸；不然你的賽前晚餐其實沒什麼差別。在長跑前攝取相同飲食當作事先練習，這樣你就能預期比賽當天的狀況。此外補水是一個持續的過程，跑者比賽前一天務必繼續喝水和運動飲料。適當補水需要花時間，而且時間應該要持續一週。

睡前

比賽前的傍晚要確定所有準備都一絲不苟。你的行李袋應該收拾好而且可以拎著就走。你的計時晶片繫在跑鞋上，衣服已展開備好而且水瓶也裝滿。你躺上床後可能難以入眠，如果你翻來覆去也別煩躁，你在過去 10 天已有大量休息。如果你發現自己還醒著，可以考慮吃點零食當宵夜，像是能量棒或一片水果。雖然這不是必要之舉，但身體一整個晚上會燃燒約一半的肝醣儲存，吃點零食當宵夜，就能進一步減少隔天早上需要補回來的熱量，也許可避免腸胃不適。如果你在比賽前格外緊張，在煩惱出現前攝取熱量也是個好辦法。你不用在白天攝取 300 ～ 500 大卡的熱量，如果你半夜進食，也許白天攝取熱量可以減少到只需要 100 ～ 200 大卡，就能補足肝醣儲量。

比賽日早晨

　　比賽當天早上要吃什麼取決於你幾點起床。跑者比賽前一晚沒睡好並不罕見，所以與其待在床上並過度分析你的比賽計畫，早起往往會更好。消化所需的時間因人而異；有些跑者比賽前需要整整 3 小時消化一餐，但其他人只需要 1 小時。如果你在比賽前 3 個多小時起床，你可以吃一份正常的早餐，例如一份抹花生醬的貝果、一根香蕉和一杯咖啡或柳橙汁。但是越接近比賽開始的時間，就越要節制。一如先前所討論，開賽前幾個小時，少吃固體食物並多攝取碳水化合物。剩下 1 個小時的話，以能量膠等營養品為主，這能迅速使你有飽足感但肚子又不會撐。此外，開始以口而非盎司為單位來計算補水量，因為這時你絕對不希望前半場比賽時，有太多水在胃部晃動。事前安排一切，包括你的出發線區間位置、你會用哪一處的流動廁所，這樣就能避免意料之外的情況發生。你在區間等待開跑時，可拿著水瓶持續啜飲。

　　除了攝取到體內的飲食，你還必須考慮身外的穿著。查看賽前和賽間的天氣預報，如果你站在區間等待 30 分鐘以上，你得做好準備。春秋天氣可能變化莫測，經常會莫名變熱或出現不合時節的寒冷。舉例來說，10 月舉辦的底特律全馬和半馬比賽（Detroit Marathon and Half-Marathon）中，可能出現華氏 80 度高溫，但到了底特律河（Detroit River）則出現幾近暴風雪的情況。這邊的溫度常年介於華氏 30 ～ 40 度，跑者要為清晨比賽挑選衣服也變得格外棘手。太陽完全升起前，你站著不動時雙腿可能凍到沒知覺，不過一旦開跑後情況就會好轉。這表示在開跑前你需要穿多層衣服以保持溫暖，但比賽開始後，身體變暖又要能輕鬆脫掉衣物。

我們訓練課表的跑者最常見的問題之一，即是否該穿好的跑步服裝然後沿路拿著，還是要穿他們不介意丟在路邊的舊衣。漢森的解決方法很簡單：穿上你願意弄不見的服裝。最底層穿上你常穿的跑步服裝，並將跑步號碼別上。不過在這套衣褲之外，穿上一條舊運動褲，或穿上你在客廳上漆時會穿的運動衫。你的身體開始暖起來之後，就能毫不猶豫脫掉外層衣物。不過要記得將比賽號碼別在賽間不會脫掉的衣物上。

心理準備

以我個人經驗來說，比賽前最好的心理準備就是保持冷靜。你甚至還沒開跑，心跳就因緊張而加速，絕對不是好主意。要找到保持冷靜的方法，即保持「謹慎與信心」參加比賽。退一步，花點時間思考你的訓練，提醒自己體能狀態很好，而且準備迎接比賽。訓練不會說謊。以實際態度思考比賽的難度，但也提醒自己，你經歷過這一切訓練後，已經準備好完成比賽。

這個做法為何奏效？其中一點，這迫使你放慢速度，並承認眼前的任務很艱鉅而且你有機會因此受傷。你會因此保持謹慎，避免比賽一開始就配速過快。此外，隨著比賽變得艱難，你也做好準備了，你知道這並非易事。藉由如此準備，你隨時能保持正面和積極的想法協助你熬過比賽。

比賽準則

比賽時間

比賽時間即開始的時刻。起跑槍一發射，就是將辛苦掙來的所有籌碼兌現之際。在比賽策略方面，我們最常被問到分段時間（spilt）的問題。我們已經討論過在前半場比賽控制配速並以保守配速跑步的生理原因，但其實不僅於此。整個訓練過程中，許多訓練強調跑步時要維持特定配速。我們深深相信古諺「怎麼受訓，就怎麼比賽」背後的道理，我們強調訓練時要維持相同配速，希望你在比賽日也能有一樣的表現。更確切來說，訓練是為了讓你在整場比賽中，用可預測的分段時間跑步。下半場比賽跑得比上半場稍快一點，這稱作後段加速策略。我們要提醒跑者，一開始跑得慢幾乎不會對整體配速有持續性的影響，但一開始跑太快則可能不利配速。如果你一開始跑超過規定配速並開始覺得疲累，不只你的身體會感到痠痛，你被其他起速慢的跑者超過時，心理也會受到打擊。

後段加速策略：這是比賽後半段跑得比前半段還快的跑步方法。

相同分段成績策略：這種跑步方法是指比賽前後半段的跑步時間相同。

此外，從 5 公里到全馬比賽，每一位世界紀錄跑者皆透過後段加速策略或相同分段成績策略創下紀錄；多數跑者的最佳個人紀錄也是用這兩種方式所創下。一開始用你可以維持的配速跑步，之後

就會發現自己不斷超越其他高估自己能力的跑者，並在比賽後半段深具自信。雖然許多跑者表示，他們在比賽一開始感覺最佳，希望可以藉此提早爭取時間，但這個辦法幾乎總是淪為一場災難。半馬的距離很長，你在 2 英里處覺得輕鬆的配速，換在 10 英里處可能就沒那麼輕鬆了。

雖然說根據你的比賽計畫，多數情況下應該維持固定配速，但還是需要一些彈性。有時比賽結束後有很快的成績，這取決於是否幸運有其他因素配合，尤其是天氣。辛苦訓練卻遇上華氏 80 度高溫、颶風級強風或甚至雨季，這令人相當氣餒。我能體會，我也曾經歷過，而且有不滿意的比賽成績可以佐證。在這種情況下，你的比賽表現絕對會受到影響，很容易令人覺得前功盡棄。雖然半馬訓練有很多可量化的收穫，但即便是因為比賽日天公不作美而無法跑出最佳成績，還是令人感到失落。不過天氣並非你能掌控的事情，你必須為此做出最佳準備。我記得我大四參加美國全國大學體育協會（National Collegiate Athletic Association, NCAA）的越野錦標賽時，遇到很大的挑戰。當天寒風刺骨，我們還為此召開小組會議，討論在最不希望凍傷的部位出現凍傷的可能性。我記得廣播員在比賽開始前向我們示警 2 分鐘，然後宣布：「現在攝氏 9 度，溫度適中，但因為有冷風，所以體感溫度是零下負 13 度！」老實說，這並非理想情況，我很失望天氣對我不利，但我不會讓天氣阻止我發揮最大的潛能。如果比賽當天有充滿挑戰性的情況，提醒自己，每一個人也都面臨相同的情況。花點時間思索你一開始決定接受半馬訓練的真正原因，以及你在訓練過程中獲得的多項益處與個人成長。即便你必須將配速調慢，但這肯定不是全盤皆輸的局面。

就跟我們強調聰明訓練一樣，你也必須聰明運用比賽策略。如果天氣預報打亂你原本的計畫，那就根據路況改變計畫，確保你能平安抵達終點線。以溫度觀點來看，如果溫度升高到華氏60度以上，你每英里的配速估計會變慢 5 ～ 8 秒。一般來說，你在華氏60度的情況下跑步，每英里可能會慢 5 秒；華氏70度則每英里慢10秒；華氏80度是每英里慢15秒；這當然會受到很多因素影響。例如：如果你在高溫下訓練好幾個月，高溫對你的影響就會比其他跑者來得小，同理適用於體型較小和受過高度訓練的越野賽跑者。歸根究柢，因應天氣而調整預期完賽時間會因人而異。

比賽中能量補給

對許多半馬跑者來說，必賽當天只要記得這項圭臬：要及早並頻繁補充能量與水分。也就是說，依跑者配速不同，也許你能夠應付能量和水分比較少的情況。半馬跟全馬不同，適時補充能量可能決定全馬的成敗，但在半馬中補充能量的影響可大可小。其中很大一部分取決於你跑完13.1英里的時間。如果你完賽時間低於90分鐘，那麼比賽時比較不需要擔心補充能量與水分；在這種配速下，肝醣耗盡前你早已完賽，你只需要確保比賽開始前身體補給充足。如果身體有充分能量與水分，那麼你就能放心，你可以漂亮完賽而且不會遇到撞牆期，有時撞牆期會無預期地在跑步途中出現。

另一方面，如果你需要用 2 小時以上的時間跑完半馬，而且未能沿路適時補充能量，你還沒到終點可能就已過度疲憊。你必須謹慎考慮你的補給計畫，還要了解趁早在比賽中補充熱量與水分的重要性。想想這件事：對於菁英跑者而言，他們會準備多個專屬水瓶

並裝進自己的混合飲料，通常每 5 公里放 1 瓶。生理學家告訴我們，胃部每 15 分鐘左右便可消化約 8 盎司的液體，這差不多就是菁英跑者跑完 5 公里的時間。對於其他 99.9% 未安排專屬水瓶的跑者而言，多數半馬比賽每 2 英里左右就會有補給站。這表示如果你在每一個補給站喝 1 杯水或 1 杯運動飲料，補水的速度就會跟菁英跑者差不多。比賽提供的杯子通常是 6～8 盎司，一般會裝 4～6 盎司的液體。如果你考慮平均溢出的液體，一名跑者在每一個補水站可喝到 2～3盎司的液體。你要不要停下來喝水，或者拿一杯飲料邊跑邊喝都可以。不過要記得，攝取液體和熱量非常重要。短暫停留幾秒鐘來補充熱量和水分，實際上長時間下來，這個動作有助避免撞牆期並因此省下幾分鐘。到每一個補給站時，我們建議拿第一桌的水來喝，然後也許到了最後一張桌子再拿第二杯。根據我的經驗，運動飲料提供的熱量跟水分一樣重要。跑者出現「撞牆期」是因為他們缺糖，而運動飲料中的糖分有助抵抗撞牆期出現。唯一不適合喝運動飲料的時機就是你剛攝取運動能量膠（或類似營養品）時，此時應該搭配開水服下。這樣一來，你在一般半馬比賽就能跟多數菁英跑者有一樣的補給模式。雖說在多數情況下運動飲料是最佳選擇，但補水時有什麼就喝什麼。

比賽中調整配速

這些年來，我們看到很多跑者比賽一開始就大幅超越或落後預期配速，這通常是比賽開始時跑道擁擠的副作用。跑者有時會以極快配速衝刺，希望超越人群；另一種情況是跑者被人群拖慢好幾英里，等到擺脫人群後再加快速度，希望回到原本狀態，分段成績因

而極度不一致。舉例來說，半馬跑者配速每英里 9 分鐘，可能因為前方有大量跑者而降低配速，導致他一開始的配速接近每英里 9 分 20 秒。人群在 10 公里處逐漸分散後，他可能覺得需要補回前面落後的時間，因此將配速加快到每英里 8 分 45 秒，而非回歸原本每英里 9 分鐘的配速計畫。也許你已經從我們之前的配速建議猜到一二，用這種方式追回時間相當危險。你應該先回到原定配速，並在接下來的幾英里中逐漸加快配速，這樣做可以節省體力並為後半段比賽做好準備。

雖然你可能在前半段比賽感覺良好，但不可因此加快配速。我不知道看過多少跑者超前跨越中途點，但卻在後面幾英里透支體力。如果你因為腎上腺素而在比賽一開始加快速度，使你的配速比計畫還快，別慌張，只要調整回來就好。將速度放慢到目標配速，並找到你能持續跑到終點的節奏。專注於自己的配速，試著不要理會其他跑者的動作。如果有人輕鬆超越你，那就想像你之後會超越他。在多數情況中，這確實會成真。

比賽日物品檢查清單

　　□鞋襪
　　□背心和／或運動內衣
　　□短褲
　　□水／運動飲料
　　□比賽號碼
　　□計時晶片

比賽策略

□別針或比賽號碼繫帶

□能量膠

□手錶

□太陽眼鏡

□帽子

□護唇膏和／或防曬乳

□賽後更換衣物

□毛巾

□衛生紙巾

□防摩擦潤滑劑（Body Glide 或凡士林）

□保護乳頭的 OK 蹦（男性用）

□手套／袖套

□拋棄式短袖和／或長褲

□錢

□裝備檢查袋

□起點方向與賽前指南

　　當你前往起跑線，我們建議將你所需但沒穿戴在身上的物品收進空袋，比賽時通常會提供一個透明袋。經過波士頓馬拉松炸彈悲劇之後，似乎有越來越多比賽開始提供這類透明袋，並強制檢查裝備以策安全。將你所有的東西都帶到等待區，然後只拿你需要的物品到出發線區間，把剩下的物品留在隨身包檢查站。

比賽策略

第十一章
恢復

採用漢森訓練法進行訓練並以半馬比賽畫下句點，展現為期 18
週辛苦訓練的成果。個人賽後狀況依跑者與其跑步程度而定。例如，
高跑量而且有經驗的跑者可能在單一訓練週期中跑過多次半馬，但
相對之下，新手跑者可能筋疲力盡而且近期不打算再參加另一場賽
事。半馬比賽是訓練高峰也是訓練的結束點，而本章目的就是討論
半馬的賽後恢復。

賽後花時間跑休很重要，因為這能讓你體內的肝醣與水分儲存
量回歸正常。除了耗盡所有能量來源，運動用到的肌肉也會感到疲
痛。你在賽後會感受到的疲痛程度與類型可能因人而異，但通常會
覺得肌肉僵硬、痠痛和極度疲憊。跑半馬會從枝微末節處開始逐步

耗損你的肌肉，因此肌肉需要休息與修復。你一跨越終點線就要考慮按照你的計畫行事。

比賽剛結束

通常跑者抵達終點線時，就會開始思索：「好，現在要做什麼？」我們花這麼多時間強調跑步與比賽，很容易忘記抵達終點線之後要做的事情。無論時鐘顯示你的跑步時間如何，只要你在比賽中拿出最好的表現，這就是最重要的事。比賽剛結束的前幾分鐘，先享受你將身體潛能發揮得淋漓盡致並成功抵達終點的自豪感。此時你可以好好讚許自己完成這番重大成就，而這波正面情緒絕對會伴隨疼痛與疲憊感。你甚至可能覺得自己永遠不會再參加第二次比賽，雖然比賽可能會受傷，但實際上有很多跑者在第一場比賽後就上癮了。

賽後 30 分鐘

你在訓練後採取的基本原則也一樣適用於跑完半馬之後。無論你的完賽時間如何，立刻行動恢復能量非常重要，這會嚴重影響你要花多久時間才可以重新跑步。雖然這時可能想到要進食就畏懼，但你需要立刻攝取熱量。好消息是你想吃什麼幾乎都能吃，此刻的重點是熱量攝取，而非熱量來源。這是好事，因為通常你沒辦法對終點區的食物挑三揀四，主辦單位提供什麼就吃什麼。由於你已經消耗肌肉和肝臟大量可用肝醣，進食可以幫助身體更快恢復。此外，你的血糖低或者瀕臨低血糖，身體缺水而且電解質所剩不多。你能

恢復

越早補充這些養分，就能越快回歸正常。最佳恢復的時間範圍很小，所以跑完比賽的 30 分鐘內，好好攝取大會終點提供的食物。

賽後 2 小時

一旦你拿到自己的比賽獎章與零食，就可以離開終點區尋找自己的親朋好友。只要你先吃喝過一些東西，在你的胃部舒緩下來之前，先不用擔心要吃一頓全餐的事。如果不是在家鄉參賽，先回飯店洗澡並換上舒服的衣物和鞋子，例如夾腳拖或涼鞋。也許這個時候你已經準備坐下來吃頓午餐。雖然你說不定已經厭倦義大利麵，但還是要注重攝取高比例的碳水化合物來補充所有流失的肝醣。如果你還沒準備要享受大餐，這段時間內要穩定攝取熱量，補充大量碳水化合物。此時試著選比較營養的食物讓你的身體系統恢復正常，水果、蔬菜和全麥都是很好的選擇，搭配開水、果汁或運動飲料。再次提醒，你現在注意的這些細節，之後會對你有幫助。

當天賽後的其他時間

持續補水並補充自己喜歡吃的食物，你值得好好休息放鬆幾個小時！無論你的能力如何，以及在比賽中多麼用力驅策自己，賽後當天的其餘時間你可能會開始感到些許痠痛，並持續到隔天早上。比賽隔天下床的前幾步可能是種折磨，甚至上下樓梯可能都是場艱辛挑戰。無論是菁英跑者還是只在週末運動的人，參加高強度比賽後免不了都會感到痠痛。除了耗盡肝醣，肌肉整體結構也受到影響，

所以不要在比賽後立刻安排郊遊行程。以我的經驗來說，第一場半馬結束後的恢復最辛苦。未來你跑得越多，恢復就會越輕鬆。

賽後 5 ～ 7 天

這幾天千萬別跑步，有些人可能會覺得不需要休息了，但記得我們要站在長期進步的觀點討論此事。為了獲得長期進展，我們現在要照計畫休息，這樣就能避免之後需要意料之外的休息時間！我們知道在跑步後休息通常有利於身體，這段期間你除了不該跑步，也要避免規畫更多新比賽。有些跑者急著在比賽結束後的幾天內恢復跑量，這往往會導致他們在未來一個月感到雙腿無力。與其這樣，不如現在花點時間休息，直到完全恢復，之後再繼續跑步。休息時好好享受，並趁機把比賽時重要性居次的事物進度趕回來。別擔心下一場比賽訓練或適應長跑的狀況，你可以好好睡覺、看報紙並重新掌握生活的平衡。如果運動是必備活動，那就只進行輕量有氧活動，例如騎腳踏車、使用橢圓機，或者其他完全無負重的運動。

賽後一週

休跑一週後，是時候重新開始跑步了。對於初次完成半馬的跑者來說，我們不會詳細規定重返跑步的時間，只會建議你對此多加留意。多數有經驗的跑者則迫不及待在休息一週後重新跑步。雖然我們樂見這種熱情，但我們經常遇到 個問題，那就是跑者甚至還沒離開終點線區，就開始規畫下一場比賽。有目標很好，我們也很

恢復

開心跑者想要繼續訓練，但你必須確保這些計畫可彈性異動。新手和老手都一樣要花時間等待，並觀察恢復情況，避免太快重新開始跑步。

一旦你確信自己已經完全恢復，而且準備重返例行訓練，我們建議先從輕鬆跑開始。你剛回歸跑步時可能覺得身體肌肉僵硬，前幾趟跑步可能比往常更辛苦。別擔心，你的身體沒有想像中退步得那麼多。你休息一週後，體能只會些微下滑。我不是說你重新跑步第一週狀態會很好，但相信我，你依舊保有體能。對新手來說，試著先從每天跑 3 ～ 5 英里（大約 30 分鐘）開始。新手跑者第一週訓練表大概如表 11.1。

表 11.1　新手跑者：恢復跑步首週

週一	慢跑 20 ～ 30 分鐘
週二	休息或交叉訓練／阻力訓練
週三	休息（同週二）
週四	慢跑 30 分鐘
週五	休息（同週二）
週六	慢跑 30 分鐘
週日	休息

資深跑者重新開跑時可能比較積極，但訓練仍應依照身體對重新訓練的反應來調整。有經驗跑者的身體可能更適應耐力訓練，

重返訓練也會更輕鬆。即便如此，每一名跑者都不一樣，你應該專心傾聽身體在比賽後釋出的訊息。如果有不對勁的地方，或者你很難重新找回原本的狀態，我們建議你繼續休息並讓身體自行復原。等你準備再次從輕鬆跑開始之後，資深跑者的第一週訓練範本如表11.2。

表 11.2　資深跑者：恢復跑步首週

週一	輕鬆慢跑 30 分鐘
週二	輕鬆慢跑 30 分鐘
週三	休息
週四	輕鬆慢跑 40 分鐘
週五	輕鬆慢跑 50 分鐘
週六	輕鬆慢跑 50 分鐘
週日	輕鬆慢跑 60 分鐘

　　對所有跑者來說，每週可進行 2 ～ 3 次阻力訓練。接下來幾週，沒有素質練習的日子就可安排阻力訓練，這樣你可以逐漸習慣例行訓練。舉例來說，如果你知道之後會在週二、週四和週日進行素質練習，那麼就把阻力訓練安排在週一、週三和／或週五。這段時間開始照表訓練，你可以培養跑步所需的力量，而且不用好幾週一直重複單一的訓練。

　　　　　　　　　　　　　　　　　　　　恢復

按照上述跑量開跑第一週後，你可能想在第二週提高訓練程度，不過你應該繼續維持輕鬆跑。這取決於你的身體在第一週跑步的反應，如果你覺得神清氣爽而且期待重返跑道，那就增加一點跑量。新手跑者應該增加 2 天 30 分鐘的跑步，等於每週跑 5 天，每趟 30 分鐘。進階跑者可以增加跑步日的時間，一週跑 6 天，每趟輕鬆跑 45 ～ 60 分鐘。但如果你還是覺得痠痛疲憊，那就再維持一週的低跑量，好讓身心都獲得恢復。

半馬結束後 4 ～ 6 週

在前兩週輕鬆跑之後，你應該再花 2 週時間累積跑量，慢慢回歸一般訓練量。進階課表最高跑量大約 50 英里，但平均每週跑量大約 40 英里；新手課表每週跑量稍低，平均 30 ～ 35 英里；只求完賽課表每週則平均跑 20 ～ 25 英里。一旦你可以再次輕鬆跑到每週的「平均」跑量，你就可以展開有架構的訓練，開始為新的目標比賽擬訂計畫。無論你選擇什麼比賽，訓練行程表未必總要遵循 18 週的框架。你可能會發現，你變得更有經驗之後，可以將半馬的準備時間縮減幾週。在多數情況中，速度或基本訓練的時間大約 10 ～ 14 週；跑者每週可以承受更多訓練量的話，通常會需要比較短的訓練週期。

賽後第 6 週以後的時間

這時的問題在於要怎麼設定之後的目標。許多跑者覺得他們需要直接回歸半馬訓練，其他人可能選擇比較短的比賽，另外一群人

則進階到全馬訓練。如果你選擇最後一項，考慮使用《漢森馬拉松訓練法》的課表。這項訓練計畫的原理跟我們的半馬計畫一樣，有助緩解你適應新距離的過渡期。

你在比賽後的休息時間提供絕佳機會，讓你退一步思考長遠目標的時間。對於剛完成新手課表與只求完賽課表的跑者來說，這可能是累積跑量的理想時間，或許可參加春季半馬，逐步展開更積極的訓練計畫。如果你的第一場比賽表現很好，這段時間你可以安全並緩慢累積跑量，為更高的訓練量做好準備。跑者有機會參加的比賽因人而異，可能因為季節或地理位置而變動。

有些跑者決定善用剛累積起來的體能，投入到短距離比賽的訓練。以 5 公里和 10 公里的比賽來說，這是培養速度的好辦法，還能保持輕盈的雙腿，不用直接回到長距離比賽的訓練。跑者剛結束半馬但想要挑戰更短距離比賽的話，格外適合 10 週長度的速度跑訓練。這類跑者因為半馬訓練變得強壯，進行一些速度訓練可提高跑者的整體速度。

最後，半馬跑者參加比賽和半馬訓練，可能是為了激勵自己累積更高跑量和訓練量，以因應全馬的距離。這頗適合春季或初夏參加半馬但想在秋季跑全馬的跑者，也同樣適用於秋末或初冬參加半馬的跑者，完成這樣距離的跑者可以放心參加春季全馬。無論你如何選擇，你從半馬比賽學到的經驗，有助你之後參加任何跑步活動與比賽。

附錄 A：

菁英訓練計畫：漢森—布魯克斯長跑計畫

　　凱文和凱斯・漢森在 1999 年將他們的經驗與專業用於菁英跑步界，當時這項運動即將迎來重大轉變，美國出現許多具競爭性的訓練團體，他們的共同目標就是支持美國大學畢業後的跑者。好幾年來，非洲國家開始在長跑獨占鰲頭，美國等其他國家緊追在後，並因此重新檢視訓練奧運選手的方式。漢森兄弟身為有經驗且成功的教練，他們知道自己有可以協助菁英跑者取得國際賽事成功的必要工具與訓練方法，於是漢森－布魯克斯長跑計畫就此問世。

　　現在和過去參加漢森－布魯克斯長跑計畫的跑者在半馬中的表現可匹敵美國任何菁英課表跑者。本計畫成立的前幾年，這群跑團有 12 人跑進美國半程馬拉松錦標賽（USA Half Marathon

Championships）前十名的成績，包括取得冠軍的布萊恩‧賽爾（Brian Sell）。更令人印象深刻的是，這個團隊有 11 名跑者是國際田徑總會世界半程馬拉松錦標賽（IAFF World Half Marathon Championship）的跑團成員。還沒說完，如果你參考此計畫的運動員名單，他們有一些有趣的共同點：只有一些人在大學是真正優秀的跑者；從這邊可以學到一個教訓，那就是需要花時間才能進步與成功。漢森－布魯克斯長跑計畫召集的絕大多數跑者僅為中等到良好的運動員，但是很多人遵循跟本書課表基礎一樣的訓練準則後，持續獲得很好的成就。

從另一個觀點來討論你的訓練基石，你可能有興趣想找出哪些相關要件對於我們訓練的菁英跑者很重要。這個過程不僅可以釐清進階跑者訓練的迷思，也能說明你自己的訓練與奧運選手及奧運種子選手訓練的相同之處。

就跟我們強調本書三種訓練課表的長期成長，我們也一樣要強調菁英課表長期發展。跑者加入團隊時，我們的目標是將目光放在長期成功。的確，凱文和凱斯想花數月甚至數年的時間培養跑者，而不是培養出容易過度訓練和疲憊不堪的一次性強棒跑者。無論程度高低，跑者進步的關鍵在於耐心。重點是要給身體適應當前訓練強度的時間，之後再跳到下一個強度。適當訓練加上耐心，可以換來預期結果和最佳成績。

半馬有專屬的強化跑與速度跑訓練，因此我們很多大學畢業後的跑者只需要時間，調整大學風格的訓練與時節，並進步成公路賽跑者。跑者花時間累積跑量與力量，同時維持他們的「大學腿」（多數大學課表著重 5 公里和 10 公里比賽的速度，因為這是他們參加的

比賽），這表示他們可能需要幾年時間，才能真正蛻變成半馬比賽中的狠腳色。對我們許多菁英跑者來說，半馬最後會成為他們從 5 公里和 10 公里比賽跨到全馬比賽的墊腳石。

　　雖然長期發展的根本準則是半馬訓練課表的核心，但本書訓練課表與菁英課表仍有一些表面差異。對於初學者來說，多數讀者的生活跟菁英運動員差異甚大，我們的訓練計畫會恰當反映出這些差別。雖然存在一些差異，但你可能會很驚異地發現，你的訓練跟你想像中的菁英課表沒有什麼不同。

菁英課表的組成

9 天訓練週期

　　漢森－布魯克斯長跑計畫一開始，每週訓練週期類似以下計畫。菁英跑者週二在操場訓練、週四進行節奏跑素質練習，接著週日長跑。按照此做法，我們將訓練轉換成 9 天訓練週期，如下：

週日 // 長跑 16 ～ 20 英里

週一 // 白天輕鬆跑 10 ～ 12 英里；晚上輕鬆跑 4 英里

週二 // 同週一

週三 // 節奏跑 8 ～ 10 英里（或可稍做調整）

週四 // 同週一

週五 // 同週一

週六 // 以約 10 公里配速跑 5 英里

週日 // 同週一

週一 // 同上週一

菁英課表一整年的訓練跑量相當穩定。舉例來說，我接受全馬訓練時，單週跑量大約110～140英里；我為短距離比賽準備時，每週跑量也有110～120英里。在這樣的跑量下，未必需要傳統的每週長跑，因為輕鬆跑大約10～12英里，或等於1小時10分至1小時24分，跑者可以獲得許多預期的有氧適應，跟一般長跑的有氧適應一樣。高跑量尤其有利於9天訓練週期，因為身體有適當休息，而且對半馬發展很重要的一切系統仍可持續運作。

週跑量

查看菁英課表為期9天的訓練範例時，你可能已經注意到跑量明顯高於本書其他的訓練計畫。進階課表每週最高跑量約為50英里，但男性菁英跑者可達到每週120英里，女性則為每週100～110英里。談到菁英訓練時，可在計畫中考慮一些因素，這樣跑者更能承受而且有效率地跑完如此高跑量。

第一個因素就是時間，我們不是指每天24小時或每週7天，而是過去幾年的訓練可使身體逐步承受更高的跑量。雖然多數參加菁英課表的跑者每週跑不到100英里，但大多可跑80～100英里。跑量增加是9天訓練週期的關鍵，因為與其要求一名22歲跑者直接每週進行3次高強度訓練，以完成120英里的跑量，還不如將素質練習頻率砍成每3天1次，讓這名跑者有機會透過輕鬆跑提高跑量。有時在一開始增加跑量會影響跑者的表現，但過一段時間後，身體會適應並穩定進步。

第二個因素是恢復。9 天訓練週期除了加入更多輕鬆配速的跑量，而且兩次素質練習之間也有穩定的恢復期。就算多出幾天恢復，累加疲勞也在菁英課表中扮演要角，但又維持平衡以預防受傷。輕鬆日的跑量達到 16 ～ 20 英里時，就有必要在兩次素質練習之間增加一天當作額外的恢復日。雖然這些日子在菁英跑者計畫被歸類為「輕鬆日」，但跑步時的配速經常跟全馬配速差不多。舉例來說，達到訓練的跑量高峰時，輕鬆跑配速通常為每英里 6 分鐘至 6 分 30 秒，長跑配速則每英里 5 分 30 秒至 6 分 30 秒。訓練跑步配速多半會比目標比賽配速慢每英里 1 分 45 秒至 2 分鐘。其他有助於掌握此高跑量課表的因素就是內部優勢，即加入有組織的訓練團隊，例如漢森－布魯克斯長跑計畫。本課表中的所有跑者除了跑步，也有其他領域的工作，他們會在週間安排午覺，另外還有每晚 8 ～ 10 小時的睡眠。讓我們面對現實，如果你一週有幾天可以睡 2 小時的午覺，也許你還能承受更高的跑量。跑步時有完善裝備，穿上布魯克斯跑鞋也能更輕鬆掌握高跑量。此外，我們的運動員還有優勢，可諮詢脊椎神經醫生、物理治療師和其他醫療專家，這些專家了解跑者以及跑步特有的相關傷害與問題。

素質練習

整體跑量增加，素質練習的跑量也會提高。這表示素質練習的跑量與整體訓練計畫成特定比例，無論本書的其他課表或是菁英課表都是如此。我們將每一次素質練習細分後，你會注意到菁英課表跟我們本書推薦的計畫非常相似。

長跑 // 漢森－布魯克斯長跑計畫跑者完成超過 20 英里的長跑，就算是訓練半馬的菁英跑者也是如此。這是因為規畫長跑跑量時，會根據週跑量的比例與實際跑完長跑的時間。週跑量 120 英里的情況下，20 英里占 16 ～ 17% 的週跑量。對我來說，20 英里長跑需要 1 小時 55 分至 2 小時 10 分，恰好符合我們設下的準則。另一方面，對於週跑量 70 英里的跑者來說，16 英里長跑約占 23% 的週跑量。一般來說，16 英里長跑大約需要 2 小時的時間，雖然和我跑 20 英里的距離不同，但實際上兩人會產生一樣的有氧代謝和生理適應。

速度跑 // 在新手與進階課表中，總共有 3 英里的速度跑；一般來說，你每週會有大約 30 ～ 50 英里的跑量，這表示速度跑大約占 7.5% 的週跑量。同時菁英課表中的速度跑通常為 6 英里，而週跑量為 120 英里，這等於速度跑占 5%的週跑量。這邊的準則相同：速度跑在週訓練中占小比例，我們的重點是在低於乳酸閾值的強度下訓練並培養有氧能力。

強化跑 // 無論訓練程度如何，強化跑是在半馬中進步的重要環節。在新手和進階課表中，每週 40 ～ 50 英里的總跑量中，有 6 英里的強化跑，大約占 10 ～ 13% 的總跑量。在菁英課表中，強化跑通常為 9 ～ 12 英里，在 120 英里週跑量中約占 10 ～ 11%。同理，就算週跑量增加，但是在各個課表中，訓練週的素質練習必須維持一定比例。

節奏跑 // 訓練量達到巔峰時，7 英里節奏跑大約占新手與

進階課表週跑量的 15%。菁英課表也有 7 英里的節奏跑，這表示節奏跑占 12% 的週跑量；這個比例稍低是因為菁英跑者的節奏跑有很多種變化，這會在稍後討論。以半馬而言，這是菁英課表最大的差異。菁英課表更強調以比賽配速進行更長的間歇跑，而且恢復時間短，不過總訓練量可能會高於傳統節奏跑。

菁英課表訓練

我們的菁英全馬課表中，部分特色訓練已獲得全美注意，例如模擬訓練（Simulator，26 公里節奏跑）和 2 趟 6 英里的訓練跑。不過在半馬課表中，我們要求跑者遵循新手和進階課表，基本上跟菁英跑者遵循的內容都差不多，主要差別在於總跑量。漢森訓練法有一些主要訓練值得在此一提，無論我們訓練目的為何，你會在菁英課表中看到這些訓練！

長跑變化課表

穩定狀態持續跑 // 這是我個人最愛的訓練，因為這需要高度專心，可以減少重複訓練的枯燥感，還能刺激重要的有氧適應。對於有經驗但因為其他事務和限制而無法提高跑量的跑者，我會要求他們進行這項訓練。等跑者練好體能，可將此訓練妥善安排到計畫中，然後像長跑訓練一樣展開。接下來逐漸提高訓練強度，直到運動配速大約比目標全馬配速每英里慢 30 秒，或者比半馬配速慢大約 1 分鐘。這個

速度大約是 50 ～ 75% 的跑步強度。強迫身體以大量能量跑步，直到接近燃燒大多脂肪並取用誘人碳水化合物的臨界點，就能刺激有氧閾值。因為身體希望保留碳水化合物，所以會適應跑步配速並將燃脂能力極大化。此時精確的配速很重要，因為如果跑者跑太用力就會提早遇到撞牆期，而如果跑太慢又會錯過部分期待的訓練成果。這項訓練也是很好的心理訓練，因為過程漫長又辛苦，運動員需要長時間保持專注力。

節奏跑變化課表

逐漸加速（Cutdown）// 訓練長度為 10 ～ 12 英里，本課表的男性菁英跑者從每英里 6 分鐘的配速開始，這屬於我們的輕鬆跑範疇，然後每英里逐步遞減 10 秒直到半馬配速。典型的遞減秒數訓練如下：6 分、6 分、5 分 50 秒、5 分 40 秒、5 分 30 秒、5 分 20 秒、5 分 10 秒、5 分、4 分 50 秒。照經驗來看，我可以告訴你，這項訓練通常一開始很輕鬆，但每完成一趟就會變得越來越具挑戰性。

倒數 4 英里加速跑 // 這是 8 英里的節奏跑，前 4 英里用全馬配速，後 4 英里可用規定的更快配速，這通常是半馬配速或者用盡全力跑。這個訓練的目標是輕鬆開始並衝刺結束！

強化跑變化課表

2 英里，8 趟 800 公尺，再 2 英里 // 這是綜合訓練，我們用半馬配速跑 2 英里，接著慢跑 0.5 英里，再繼續以 10 公里比賽配速跑 8 趟 0.5 英里的距離，搭配很短的恢復時間。最後我們再用半馬配速跑 2 英里就可結束訓練。此處目標是在大半的訓練時間內，將運動強度維持在乳酸閾值或以上，同時稍微改變步頻。這是很好的訓練，因為半馬結合速度跑和強化跑，這項訓練可教會跑者適應不適感。

菁英課表訓練日誌範例

以下課表（表 A.1）是我在 2010 年 10 月到 2011 年 2 月的訓練日誌，當時我在準備紐奧良懺悔星期二的搖滾半程馬拉松（Rock' n' Roll Mardi Gras Half-Marathon）。雖然這是依我個人需求量身規畫的日誌，但也是典型半馬訓練課表，適合漢森－布魯克斯長跑計畫中有經驗的跑者。唯一具體差異就是菁英女性跑者的配速，她們在半馬訓練中，有一段時間每週會跑超過 100 英里。你會發現，訓練菁英跑者沒有什麼大祕密，實際上，此處採用的準則也適用於每一個人。

附錄 A

表 A.1　2011 年懺悔星期二搖滾半程馬拉松訓練範例

週	週一	週二	週三	週四
1	輕鬆跑 8 英里，55 分 馬拉松賽後休息 2 週的首跑	輕鬆跑 5 英里，34 分	輕鬆跑 10.5 英里，1 小時 12 分	輕鬆跑 5 英里，34 分
2	輕鬆跑 13.75 英里，1 小時 27 分 30 秒	輕鬆跑 11.35 英里，1 小時 13 分 45 秒	輕鬆跑 12.16 英里，1 小時 19 分 30 秒	輕鬆跑 11.3 英里，1 小時 15 分 5 秒
3	輕鬆跑 12 英里，1 小時 18 分	3 英里（15 分 23 秒）1 英里慢跑 3 英里（15 分 34 秒）1 英里慢跑 2 英里（9 分 22 秒）共 16 英里，搭配暖身和收操	輕鬆跑 12 英里，1 小時 17 分	**白天：**輕鬆跑 12 英里，1 時 17 分 **晚上：**輕鬆跑 4 英里，28 分
4	**白天：**輕鬆跑 12 英里，1 小時 19 分 **晚上：**輕鬆跑 5 英里，33 分	**白天：**輕鬆跑 12 英里，1 小時 17 分 **晚上：**輕鬆跑 4 英里，28 分	10 趟 800 公尺，2 分 18 秒到 2 分 21 秒，搭配 400 公尺恢復跑 共 13 英里	**白天：**輕鬆跑 12.5 英里，1 小時 19 分 30 秒 **晚上：**輕鬆跑 4.5 英里，30 分 30 秒
5	**白天：**輕鬆跑 12 英里，1 小時 18 分 **晚上：**輕鬆跑 5 英里，34 分	**白天：**2 趟 2 英里，配速每英里 5 分鐘，搭配 0.5 英里慢跑 **晚上：**輕鬆跑 4 英里 共 16 英里	輕鬆跑 13 英里，1 小時 24 分	比賽 10 公里火雞賽跑，32 分 24 秒 共 14 英里

<!-- 圖例 -->
　　速度跑
　　強化跑
　　節奏跑

週五	週六	週日	週跑量
輕鬆跑 12 英里，1 小時 20 分	輕鬆跑 5 英里，34 分	休息	48.5 英里
輕鬆跑 11 英里，1 小時 11 分 36 秒	輕鬆跑 8 英里，43 分 16 秒	輕鬆跑 12 英里，1 小時 14 分 39 秒	79.56 英里
5 趟 1 英里，4 分 43 秒到 4 分 48 秒，搭配 600 公尺恢復跑 共 13 英里	**白天：**輕鬆跑 12 英里，1 小時 16 分 **晚上：**輕鬆跑 4 英里，28 分	長跑 16 英里，1 小時 40 分	101 英里
白天：輕鬆跑 12 英里，1 小時 20 分 **晚上：**輕鬆跑 5 英里，33 分	4 趟 1.5 英里，配速每英里 4 分 50 秒，搭配 800 公尺恢復跑 共 13 英里	**白天：**輕鬆跑 12 英里，1 小時 20 分 **晚上：**輕鬆跑 4 英里，27 分 50 秒	109 英里
白天：輕鬆跑 12 英里，1 小時 22 分 **晚上：**輕鬆跑 5 英里，34 分	**白天：**輕鬆跑 12 英里，1 小時 18 分 **晚上：**輕鬆跑 5 英里，34 分	**白天：**輕鬆跑 12 英里，1 小時 19 分 **晚上：**輕鬆跑 5 英里，35 分	111 英里

附錄 A

週	週一	週二	週三	週四
6	長跑 16 英里，1小時 41 分	**白天**：輕鬆跑 12 英里，1 小時 20 分 **晚上**：輕鬆跑 6 英里，39 分 40 秒	**白天**：輕鬆跑 12 英里，1 小時 19 分 **晚上**：輕鬆跑 5 英里，33 分 20 秒	**白天**：5 趟 1 英里，配速每英里 4 分 45 秒，搭配 800 公尺恢復跑 **晚上**：4 英里，28 分 共 19 英里
7	**白天**：輕鬆跑 12 英里，1 小時 20 分 **晚上**：輕鬆跑 5 英里，33 分 30 秒	**白天**：輕鬆跑 13 英里，1 小時 29 分 20 秒 **晚上**：輕鬆跑 4 英里，28 分	2 趟 3 英里，配速每英里 5 分 10 秒，搭配 1 英里恢復跑 共 13 英里	**白天**：輕鬆跑 10 英里，1 小時 8 分 **晚上**：輕鬆跑 4 英里，28 分
8	**白天**：輕鬆跑 12 英里，1 小時 25 分 **晚上**：輕鬆跑 5 英里，34 分	**白天**：輕鬆跑 12 英里，1 小時 24 分 **晚上**：輕鬆跑 6 英里，40 分	2 趟 4 英里，配速每英里 5 分 10 秒，搭配 1 英里恢復跑 共 15 英里	**白天**：輕鬆跑 12 英里，1 小時 24 分 **晚上**：輕鬆跑 5 英里，34 分
9	**白天**：輕鬆跑 12 英里，1 小時 21 分 30 秒 **晚上**：輕鬆跑 5 英里，33 分	10 趟 800 公尺，配速每英里 2 分 17 秒，搭配 400 公尺恢復跑 共 16 英里	**白天**：輕鬆跑 12 英里，1 小時 22 分 **晚上**：輕鬆跑 5 英里，34 分	**白天**：輕鬆跑 12 英里，1 小時 23 分 **晚上**：輕鬆跑 4 英里，28 分
10	輕鬆跑 10 英里，1 小時 7 分	2 趟 3 英里，配速每英里 5 分 5 秒，搭配 1 英里恢復跑 共 13 英里	**白天**：輕鬆跑 13 英里，1 小時 29 分 **晚上**：輕鬆跑 4 英里，28 分	**白天**：輕鬆跑 10 英里，1 小時 8 分 **晚上**：輕鬆跑 5 英里，34 分

▇▇▇ 速度跑
▇▇▇ 強化跑
▇▇▇ 節奏跑

週五	週六	週日	週跑量
輕鬆跑 12 英里，1小時 20 分	**白天：**輕鬆跑 13 英里，1 小時 25 分 **晚上：**輕鬆跑 4 英里，28 分	山坡跑與極端情況下跑 4 趟 1.5 英里 共 17 英里	116 英里
輕鬆跑 8 英里，55 分	美國俱樂部國家越野錦標賽 10 公里，29 分 57 秒，第 10 名，共 15 英里	輕鬆跑 10 英里	94 英里
白天：輕鬆跑 12 英里，1 小時 23 分 **晚上：**輕鬆跑 4 英里，27 分 15 秒	4 英里（20 分 25 秒）－3 英里（19 分 55 秒）－2 英里（9 分 48 秒）－1 英里（4 分 35 秒）共 19 英里	輕鬆跑 13 英里，1小時 28 分	115 英里
長跑 20 英里，2 小時 16 分	輕鬆跑 14 英里，1小時 38 分	輕鬆跑 10 英里，1小時 8 分	110 英里
白天：輕鬆跑 6 英里，40 分 **晚上：**比賽 5 公里，14 分 35 秒 共 15 英里	輕鬆跑 16 英里，1小時 45 分	**白天：**輕鬆跑 11 英里，1 小時 15 分 **晚上：**輕鬆跑 5 英里，34 分	108 英里

週	週一	週二	週三	週四
11	3趟3英里，配速每英里4分55秒，搭配1英里恢復跑共17英里	白天：輕鬆跑13英里，1小時29分 晚上：輕鬆跑5英里，34分	輕鬆跑12英里，1小時21分	2英里，9分55秒8趟800公尺，2分20秒，搭配400公尺恢復跑2英里，10分5秒共17英里
12	白天：輕鬆跑10英里，1小時8分 晚上：輕鬆跑4英里，27分	白天：輕鬆跑8英里，54分 晚上：輕鬆跑4英里，27分	5趟1英里，配速每英里4分45秒，搭配800公尺恢復跑共12英里	白天：輕鬆跑10英里，1小時8分 晚上：輕鬆跑4英里，27分
13	長跑15英里，1小時33分	白天：輕鬆跑12英里，1小時17分 晚上：輕鬆跑4英里，27分	白天：輕鬆跑10英里，1小時5分 晚上：輕鬆跑4英里，27分	3趟3英里，配速每英里4分50秒共17英里
14	白天：輕鬆跑12英里，1小時22分 晚上：輕鬆跑5英里，34分	白天：輕鬆跑10英里，1小時8分 晚上：輕鬆跑5英里，34分	3英里─2英里─1英里，配速每英里4分57秒，搭配1英里恢復跑共14英里	白天：輕鬆跑12英里，1小時22分 晚上：輕鬆跑5英里，34分
15	白天：輕鬆跑10英里，1小時10分 晚上：輕鬆跑5英里，34分	白天：輕鬆跑12英里，1小時17分 晚上：輕鬆跑5英里，34分	長跑18英里，1小時51分	輕鬆12英里，1小時22分

▓ 速度跑
▓ 強化跑
▓ 節奏跑

週五	週六	週日	週跑量
白天：輕鬆跑 13 英里，1 小時 28 分 **晚上**：輕鬆跑 4 英里，27 分 30 秒	輕鬆跑 12 英里，1 小時 19 分	8 英里，從每英里 6 分加速到 4 分 50 秒 共 14 英里	107 英里
白天：輕鬆跑 4 英里，28 分 **晚上**：輕鬆跑 4 英里，28 分	**比賽** 佛羅里達州那不勒斯半馬，1 小時 5 分 43 秒 共 20 英里	輕鬆跑 10 英里，1 小時 9 分	90 英里
白天：輕鬆跑 11 英里，1 小時 17 分 **晚上**：輕鬆跑 5 英里，34 分	**白天**：輕鬆跑 10 英里，1 小時 8 分 **晚上**：輕鬆跑 5 英里，34 分	6 趟 1.5 英里，配速每英里 5 分 共 15.5 英里	108.5 英里
白天：輕鬆跑 10 英里，1 小時 7 分 **晚上**：輕鬆跑 4 英里，27 分	2 趟 4 英里，配速每英里 5 分 5 秒，搭配 1 英里恢復跑 共 15.5 英里	輕鬆跑 12 英里，1 小時 22 分	104 英里
白天：輕鬆跑 10 英里，1 小時 7 分 **晚上**：輕鬆跑 4 英里，27 分	3 英里—2 英里—3 英里—1 英里，配速每英里 4 分 57 秒，搭配 800 公尺恢復跑 共 17 英里	**白天**：輕鬆跑 10 英里，1 小時 8 分 **晚上**：輕鬆跑 4 英里，27 分	107 英里

附錄 A

週	週一	週二	週三	週四
16	**白天**：輕鬆跑 10 英里，1 小時 5 分 **晚上**：輕鬆跑 4 英里，28 分	4 趟 1.5 英里，配速每英里 5 分鐘，搭配 800 公尺恢復跑 共 14 英里	**白天**：輕鬆跑 8 英里，55 分 **晚上**：輕鬆跑 4 英里，28 分	輕鬆跑 8 英里，55 分

速度跑

強化跑

節奏跑

週五	週六	週日	週跑量
輕鬆跑 6 英里，40 分	**比賽** 半馬，1 時 3 分 57 秒（每英里 4 分 54 秒），第 2 名，個人最新成績！	輕鬆跑 4 英里，未計時	78 英里

附錄 B：
流汗計算機

1	測量訓練前後體重，估算體重減輕多少 訓練前體重 _____ 訓練後體重 _____ 體重減少 _____ 磅（毫升） 訓練時間（1 小時最佳）_____ ＊若可能的話，請褪去衣物測量
2	將減輕體重（流失水分）換算成盎司（毫升） 例如：體重減輕 2 磅＝流失 30 盎司液體 例如：體重減輕 1 公斤＝流失 1,000 毫升液體 流失 _____ 盎司（毫升）的液體
3	記錄訓練期間攝取多少水分 例如：1 瓶擠壓瓶大約 20 ～ 24 盎司，或 600 ～ 720 毫升 攝取 _____ 盎司（毫升）的液體
4	將流失液體和攝取水分加總起來 流失液體＋攝取水分＝ _____ 盎司（毫升）
5	將流失的總重量（盎司、毫升）除以訓練時數，可得到每小時的流汗量 液體總流失量 ÷ 訓練時數＝每小時流汗 _____ 盎司（毫升）

範例：

1、2：訓練前體重 165 磅（75 公斤）；訓練後體重 164 磅（74 公斤）

　　　　體重一共減少 1 磅（0.5 公斤）＝ 15 盎司（500 毫升）的液體

3：騎單車 1 小時攝取，30 盎司（960 毫升）的液體

4：將流失水分與攝取水分加總：15 盎司（500 毫升）+30 盎司（960 毫升）＝ 45 盎司（1,460 毫升）

5：將體重總減少量除以訓練時數：45 盎司（1,460 毫升）÷ 訓練 1 小時＝每小時流失 45 盎司（1,460 毫升）的汗水

附錄 B

身體文化 158

漢森半程馬拉松訓練法：跑出個人最佳半馬紀錄
Hansons Half-Marathon Method, 2014 Copyright Edition

作者：盧克・漢弗萊（Luke Humphrey）、凱文和凱斯・漢森（Kevin & Keith Hanson）／**譯者：**郭宣含／**審訂：**林嘉志／**主編：**湯宗勳／**編輯：**文雅／**美術設計：**陳恩安／**企劃：**王聖惠

董事長：趙政岷／**出版者：**時報文化出版企業股份有限公司／108019台北市和平西路三段240號1-7樓／**發行專線：**02-2306-6842／**讀者服務專線：**0800-231-705；02-2304-7103／**讀者服務傳真：**02-2304-6858／**郵撥：**1934-4724 時報文化出版公司／**信箱：**10899台北華江橋郵局第99信箱／**時報悅讀網：**www.readingtimes.com.tw／**電子郵箱：**new@readingtimes.com.tw／**法律顧問：**理律法律事務所／陳長文律師、李念祖律師／**印刷：**勁達印刷有限公司／**一版一刷：**2020年12月18日／**定價：**新台幣380元

時報文化出版公司成立於一九七五年，並於一九九九年股票上櫃公開發行，於二〇〇八年脫離中時集團非屬旺中，以「尊重智慧與創意的文化事業」為信念。

漢森半程馬拉松訓練法：跑出個人最佳半馬紀錄｜盧克・漢弗萊（Luke Humphrey）、凱文和凱斯・漢森（Kevin & Keith Hanson）著／郭宣含 譯一一版.--｜臺北市：時報文化，2020.12；272面；21×14.8公分. --｜（身體文化；158）｜譯自：Hansons Half-Marathon Method, 2014 Copyright Edition｜ISBN 978-957-13-8455-9（平裝）｜1.馬拉松賽跑 2.運動訓練｜528.9468｜109017638

ISBN：978-957-13-8455-9
Printed in Taiwan